★ 2017年主题出版重点出版物 ★

"一带一路"
青少年普及读本

丝绸之路经济带

刘兴诗 ◎ 著

长江出版传媒　长江少年儿童出版社

"一带一路"倡议：
清醒的外交自觉，伟大的中国方案

华中师范大学政治与国际关系学院国际事务研究所所长　胡宗山

如果有人问，在党的十八大以后，中国在国际社会中最知名的概念营销和话语输出是什么，我想，肯定非"一带一路"重大倡议莫属。"一带一路"倡议是以习近平同志为核心的党中央在准确把握国际社会发展新趋势，科学评估中国经济发展新动态的基础上，精心谋划，统筹考量，向全人类奉献的伟大的中国方案。它是中国对外关系史上的一个新的里程碑——吹响了中国向世界大国进军的集结号，表明中国正在为人类做出更大的贡献，也表明中国外交已经由自发状态向着自觉状态不断迈进。

习近平是"一带一路"重大倡议的总设计师。2013年9月至10月，习近平在访问哈萨克斯坦和印度尼西亚时，分别提出建设"丝绸之路经济带"和"21世纪海上丝绸之路"的倡议，简称"一带一路"重大倡议。随后，中国国家发展改革委员会、外交部、商务部联合发布《推动共建丝绸之路经济带和21世纪海上丝绸之路的愿景与行动》，对实施"一带一路"倡议的框架思路、合作重点、合作机制等进行了详细的规划。"一带一路"倡议是中国主动发布的推进中国与亚洲、非洲、欧洲古代丝绸之路和海上丝绸之路沿线国家全面经济合作的重大规划，对于扩展中国经济影响力，推进产业结构转型升级，深化与沿线国家经济、政治、文化等领域的双边与多边交流合作具有长远的影响。

目前，以中国为起点，"一带一路"倡议覆盖亚洲、非洲、欧洲等60多个国家和地区，沿线人口约44亿，占全世界的63%；经济总量约21万亿美元,占全世界的29%。"一带一路"倡议又是一个全面开放的经济合作平台，同样欢迎世界所有国家共同参与。

"一带一路"建设共形成五个发展方向。丝绸之路经济带有三大走向：一是从中国东北、西北经中亚、俄罗斯至欧洲波罗的海；二是从中国西北经中亚、西亚至波斯湾、地中海；三是从中国西南经中南半岛至印度洋。21世纪海上丝绸之路有两大走向：一是从中国沿海港口过南海，经马六甲海峡到印度洋，延伸至欧洲；二是从中国沿海港口过南海，向南太平洋延伸。

"一带一路"建设将推进"六廊六路多国多港"的合作重点和空间布局。六个经济走廊，即中蒙俄经济走廊、新亚欧大陆桥经济走廊、中国—中亚—西亚经济走廊、中国—中南半岛经济走廊、中巴经济走廊、孟中印缅经济走廊。"六路"指铁路、公路、航运、航空、管道和空间综合信息网络，是基础设施互联互通的主要内容。"多国"是指一批先期合作国家。"一带一路"沿线有众多国家，中国既要与各国平等互利合作，也要结合实际与一些国家率先合作，争取产生有示范效应、体现"一带一路"理念的合作成果，吸引更多国家参与共建"一带一路"。"多港"是指若干保障海上运输大通道安全畅通的合作港口，通过与"一带一路"沿线国家共建一批重要港口和节点城市，进一步繁荣海上合作。"六廊六路多国多港"是共建"一带一路"的主体框架，为各国参与"一带一路"合作提供了清晰的导向。

"一带一路"重大倡议提出以来，实施顺利且呈加速推进趋势。2016年11月17日，联合国193个会员国协商一致通过决议，欢迎共建"一带一路"等经济合作倡议，呼吁国际社会为"一带一路"建设提供安全保障环境。2017年3月17日，联合国安理会一致通过第2344号决议，呼吁国际社会通过"一带一路"建设加强区域经济合作。由中国主持的"一带一路"国际合作高峰论坛于2017年5月14—15日在北京召开，包括29位国家元首和政府首脑在内的来自130多个国家和70多个国际组织约1500名代表出席。

"一带一路"倡议的提出反映中国外交正在产生新思路，中国的认识和行动与过去相比，正在发生新的变化，并且越来越理性和趋于实际。"一带一路"倡议表明中国方案和中国式国际公共产品正式在国际舞台上亮相，这是中国外交新思路的体现。

"一带一路"倡议，意味着中国外交开始朝着更主动、更积极的方向发展；意味着中国外交视野更为开阔，外交手段更为丰富，对外交资源利用的宽度、广度和深度都有了更大的拓展，拥有更为丰富的战略组合；意味着中国外交正在迈入强国外交阶段。"一带一路"建设一旦展开，必将成为一个以经济交往为基础的涵盖政治、外交、社会、文化等多方面功能的综合性外交规划。

刘兴诗先生所著的《"一带一路"青少年普及读本》以宽阔的视角，生动的语言，从历史到现实，由陆地到海洋，从国内到境外，由经济到政治、社会、文化……，详细讲解了"一带一路"的源起与发展以及对实现中国梦的重大意义。它将历史、人文、地理、科技等知识完美结合在一起，是青少年读者了解"一带一路"知识，理解国家顶层外交设计的入门读物，必将对"一带一路"相关知识的宣传普及起到重要的推动作用，也会极大地开阔青少年读者的阅读视野，丰富青少年读者的知识谱系。

2017年8月于武汉桂子山

目录 CONTENTS

中蒙俄经济走廊 ZHONGMENG'EJINGJIZOULANG

中蒙俄经济走廊 …………………………… 010
请问你,世界有几大洲 …………………… 012
第一亚欧大陆桥 …………………………… 016

新亚欧大陆桥经济走廊 XINYA'OUDALUQIAO JINGJIZOULANG

新亚欧大陆桥经济走廊 …………………… 022
展望新亚欧大陆桥 ………………………… 024
连云港,新亚欧大陆桥起跑的跳板 ……… 029
"世界港"鹿特丹 …………………………… 033
荷、比、卢"三兄弟" ……………………… 037
蓉欧快铁传来的喜报 ……………………… 041
波罗的海"三姊妹" ………………………… 048
啊,波兰 …………………………………… 053
心对心的郑欧班列 ………………………… 057
汉堡,不是汉堡包 ………………………… 061

中欧陆海快线的消息 ………………………… 065
西方文明的摇篮——希腊 …………………… 068
爱琴海，不是"爱情海" ……………………… 071
航行前方，比雷埃夫斯港 …………………… 076
马其顿和塞尔维亚 …………………………… 081
巴尔干半岛各国 ……………………………… 086
好兄弟，匈牙利 ……………………………… 091

中国—中亚—西亚经济走廊

中国—中亚—西亚经济走廊 ………………… 098
五个"斯坦"，五朵金花 ……………………… 101
哈萨克斯坦，新亚欧大陆桥的第一个跳板 … 106
三岔口上的阿富汗 …………………………… 110
里海，是海还是湖 …………………………… 113
波斯湾的神话 ………………………………… 117
堂堂伊朗 ……………………………………… 122
《一千零一夜》的故乡 ……………………… 126
揭开阿曼的神秘面纱 ………………………… 129
波斯湾畔的"珍珠串" ………………………… 133
话说沙特阿拉伯 ……………………………… 138
分开亚欧两大洲的海峡 ……………………… 141
雪松下的黎巴嫩 ……………………………… 146
圣城耶路撒冷 ………………………………… 149
"航海民族"腓尼基人 ………………………… 154
"铜岛"塞浦路斯 ……………………………… 157

贝加尔湖位于俄罗斯东西伯利亚高原南部，是世界第一深湖、亚欧大陆最大的淡水湖。（视觉中国供稿）

蒙古高原一望无涯，西伯利亚林海茫茫。乌拉尔山脉分开亚欧两大洲，风雪迷漫路途长。这边与那边，怎么相互来往？

　　休要气馁，休要彷徨，人们自然有主张。一条铁路、一座天桥，岂不关山飞渡实现理想？中蒙俄共同携手，大步前进，意气昂扬。

中蒙俄
经济走廊

ZHONG
MENG
E
JINGJIZOULANG

中蒙俄经济走廊

中蒙俄经济走廊有两条重要通道。第一条从中国华北京津冀地区，经过呼和浩特，从边境城市二连浩特到蒙古国的乌兰巴托，连接俄罗斯西伯利亚大铁路。第二条从中国大连、沈阳、长春、哈尔滨，到满洲里出境，在俄罗斯的赤塔进入第一亚欧大陆桥，既可向西通往西方，也可向东到达海参崴出海口。

这两条重要通道运输成本低、时间短，经过的国家少，海关通关成本低，发展历史比较早，经验比较成熟，符合中蒙俄三国的共同发展目标，还有巨大的潜力可以挖掘。

2014年9月12日，在塔吉克斯坦首都杜尚别举行的上海合作组织成员国元首理事会第十四次会议上，中蒙

乌拉尔山脉位于俄罗斯的中西部，是亚欧两大洲的一段分界线。中蒙俄经济走廊跨过乌拉尔山脉，连接亚欧大陆。（视觉中国供稿）

中蒙俄经济走廊

俄三国领导人对建设中蒙俄经济走廊十分积极，推动建立了双边层次的多部门对话管道，建立三国副外长级磋商机制，统筹推进三国合作。

2015年5月，中国国家主席习近平访问俄罗斯期间，中俄两国共同发表了《中华人民共和国和俄罗斯联邦关于深化全面战略协作伙伴关系、倡导合作共赢的联合声明》，明确提出建立中国东北地区与俄罗斯远东地区地方合作理事会，继续办好每年的中俄博览会，推动中国东北地区与俄罗斯远东及东西伯利亚地区合作，这为中蒙俄经济走廊的开发奠定了坚实的基础。

目前，"津满欧""苏满欧""粤满欧""沈满欧"等"中俄欧"铁路国际货物班列已经开通，基本实现了常态化运营，显示出这个经济走廊的活力。

2017年5月13日，内蒙古二连浩特口岸，一列满载货物的中欧班列驶出中国边境。（视觉中国供稿）

请问你,世界有几大洲

请问你,世界上有几大洲?

这么简单的问题,还能考住孩子们吗?

有人说,世界上有五大洲:亚洲、非洲、欧洲、美洲、大洋洲。

世界上真的只有五大洲吗?

南极大陆的企鹅有意见了:咦,你们算来算去,怎么把我的家乡忘记了?南极大陆很大很大,至少可以和大洋洲比一比嘛,也得算一个大洲。

这一来,世界上就有六大洲了。

"足球王国"巴西和邻近的一些国家也有意见了。美洲大陆有两大块,中间由一道很细很细的"中美洲蜂腰"连接着。应该分出北美洲和南美洲,不能混为一谈。

是呀!这个意见没得说。亚洲和非洲,不也是由西奈半岛这个"蜂腰"连接的吗?人们在这里分出了亚洲、非洲,为什么不能用同样的原则把美洲也分成两部分呢?

说得对!这么一来,世界上就有了七大洲。

请问,这就完了吗?

不,地理学家和地质学家还有意见呢。

他们说,亚洲和欧洲本来就是同一个大陆。从历史文化的角度分出两大洲可以理解,可是从严格的科学角度来讲,它们应该同属一个大陆,叫作亚欧大陆。

> **世界四大洋**
>
> 世界四大洋是地球上的四片海洋(太平洋、大西洋、印度洋、北冰洋)的总称,也泛指地球上所有的海洋。

是的，亚欧大陆很大很大，总面积有5000多万平方千米，是全球最大的陆块。

这样一来，世界岂不又该分为六大洲了？

不，从历史角度来说，亚欧大陆还是应该分为亚洲和欧洲。

亚洲在东边，全称为亚细亚洲（Asia），这个名字的意思就是"太阳升起的地方"。

欧洲在西边，全称为欧罗巴洲（Europe），这个名字的意思就是"太阳落下的地方"。

古时候，人们航行在地中海上，就把东边所有地方都叫作亚细亚，把西边所有地方都叫作欧罗巴。

亚洲和欧洲，就这样在人们的嘴里叫开了。古时候，由于来往不方便，两大洲在这个辽阔的大陆上各自独立发展，形成了不同的民族、文化，以及其他许多差异。

南极洲位于地球南端，由大陆、陆缘冰、岛屿组成，是世界上平均海拔最高的洲。企鹅是南极洲的主要动物之一，被认为是南极洲的象征。（视觉中国供稿）

亚欧分界线纪念碑位于俄罗斯叶卡捷琳堡市西郊，底座由暗红色大理石建造，中间用灰白色大理石作为亚洲和欧洲的分界线。（视觉中国供稿）

尽管在同一个大陆上，它们的差别还是很大的，从历史文化的角度进行划分，还是可以办到的。

话虽然这么说，但是这两个大洲之间并没有明显的分界线，怎么划分呢？

要划分亚欧大陆，其实也有办法。从自然地理的角度不好分，就从历史文化的角度来划分吧。人们将乌拉尔山脉、乌拉尔河、里海、大高加索山脉，以及土耳其的博斯普鲁斯海峡、达达尼尔海峡作为界线，把整个亚欧大陆划分为东边的亚洲和西边的欧洲。

亚洲和欧洲大陆的四至点

如果不算分布在四面八方的岛屿,亚洲和欧洲大陆上最东、西、南、北的四个地点分别在哪儿?

亚洲大陆的最东点在楚科奇半岛上的杰日尼奥夫角,最西点在小亚细亚半岛的巴巴角,最南点在马来半岛的皮艾角,最北点在泰梅尔半岛的切柳斯金角。

欧洲大陆的最东点在乌拉尔山脉北端,最西点为伊比利亚半岛的罗卡角,最南点是伊比利亚半岛的马罗基角,最北点是挪威北部的诺尔辰角。

亚洲大陆的四至点

杰日尼奥夫角 　　巴巴角 　　皮艾角 　　切柳斯金角

欧洲大陆的四至点

乌拉尔山脉北端 　　罗卡角 　　马罗基角 　　诺尔辰角

第一亚欧大陆桥

亚欧大陆这么大，从一边到另一边非常遥远，两边怎么联系呀？

古时候，陆上丝绸之路的骆驼队、海上丝绸之路的帆船，迎着风沙和波涛一步步前进，不知耗费了多少时间，常常用一年、两年，甚至几年、十几年计算，人们运送货物互相来往非常不方便。

不，这太慢了，这么交流怎么成？

一万年太久，只争朝夕。随着科学技术的进步，古代的骆驼、帆船逐渐被轮船、汽车、火车代替，东西方的交通越来越方便。

进入 20 世纪后，第一亚欧大陆桥出现了。

这条大陆桥以俄罗斯东部的符拉迪沃斯托克为起点，经过俄罗斯、白俄罗斯、波兰、德国、荷兰等国，跨越整个亚欧大陆。它通过世界上最长的西伯利亚大铁路，进一步连接欧洲的铁路网，直达荷兰的鹿特丹，沟通了太平洋和大西洋，从东到西全长约 13000 千米，可算是一个"万里工程"。

符拉迪沃斯托克面对着日本海，再往前不远处就是辽阔的太平洋，是一个非常难得的北方良港。

因为这条大陆桥主要依靠的是从莫斯科到符拉迪沃斯托克的西伯利亚大铁路，所以又叫西伯利亚大陆桥。

第一亚欧大陆桥的特点是主要在俄罗斯境内运行，管理比较方便，对沿途的俄罗斯各地，特别是比较偏僻的西伯利亚地区的建设很有利，同时也给别的一些欧洲国家提供了便利。

茫茫无垠的西伯利亚地区有着丰富的矿产和森林资源，可以从这里运送出去；欧洲的物资也可以经过这条大陆桥，被运送到俄罗斯的远东地区，进一步转运中国、朝鲜半岛和日本等地，比绕道苏伊士运河或好望角快得多。

这条大陆桥还有两条支线。

一条支线从西伯利亚东部的赤塔，经过中国的满洲里口岸，进入中国东北地区，把中国东北工业区和遥远的鹿特丹联系起来。

另一条支线从西伯利亚中部的伊尔库茨克出发，经

鹿特丹是荷兰第二大城市，位于莱茵河与马斯河的交汇处，是欧洲第一大港口，也是第一亚欧大陆桥的西桥头堡。（视觉中国供稿）

满洲里位于内蒙古自治区呼伦贝尔市西北部,是一座拥有百年历史的口岸城市,是第一亚欧大陆桥的战略节点,被誉为"东亚之窗"。(视觉中国供稿)

过蒙古国的乌兰巴托,进入中国的二连浩特口岸,直达我们的首都北京。

第一亚欧大陆桥虽然优点突出,但是缺点也很明显。这条路线太偏向北方,加上所经之地大多是内陆地区,在漫长的寒冬极易遭受风雪、严寒的影响。不消说,这必将对铁路运输造成一些不可避免的损失。

此外,第一亚欧大陆桥所经过的国家和地区较少,不能全方位带动更多的国家同时发展。

虽然第一亚欧大陆桥西边的终点站鹿特丹是世界级特大海港,但是它东边的起点站符拉迪沃斯托克的位置比较偏僻,大大影响了所能聚集的物流范围。

在科学技术日新月异的21世纪,面对飞速发展的经济形势,相关国家和地区在发展中对于交通运输提出了更高的要求,积极寻找跨越亚欧大陆的新方案。

俄罗斯、白俄罗斯

俄罗斯国徽

许多国家都喜欢将鹰作为国徽。俄罗斯的国徽上就有一只特殊的金色双头鹰。

为什么这样？因为俄罗斯本来就是"双头鹰"呀！它将一个脑袋看着鼻子下面的欧洲部分；转过另一个脑袋，瞧着遥远的亚洲部分。

俄罗斯起源于东欧平原，后来逐步向东方发展，一直发展到太平洋边，就成了"双头鹰"。

俄罗斯联邦的国土面积约1709.82万平方千米，是世界上最大的国家，人口约1.46亿，首都是莫斯科。这里的石油、天然气和森林等资源非常丰富。

白俄罗斯共和国的国土面积约20.76万平方千米，人口约951万，首都是明斯克。

横跨亚欧两大洲的俄罗斯，加上白俄罗斯，不仅托起了第一亚欧大陆桥，也是新亚欧大陆桥的必经之地，在"一带一路"中有很大的作用。

白俄罗斯国徽

连云港山海相拥,港城一体,素有"东海第一胜境"之称。(视觉中国供稿)

扪大地，问苍天，这茫茫亚欧大陆有多宽？从这边，到那边，中有千百城邦、万里关山。一边大西洋，一边太平洋，横卧在两洋之间。世间难以比拟，如此巨大陆地在眼前，要通过，千难万难。

休说难，休言远。这边伸出手，那边伸出手，不就能遥遥相连？但有凌云志，世间有何难，穿越不必求神仙。修建起一座幸福金桥，飞跨亚欧大陆只等闲。万国齐声赞颂，"一带一路"写新篇。

新亚欧
大陆桥
经济走廊
XINYA'OU
DALUQIAO
JINGJIZOULANG

新亚欧大陆桥经济走廊

新亚欧大陆桥是一条从中国东部的江苏省连云港，直达荷兰鹿特丹港的国际化铁路交通干线。

新亚欧大陆桥全长 10800 千米，辐射数十个国家和地区，连接环太平洋经济圈和欧洲经济圈，比北方的第一亚欧大陆桥短了约 2000 千米，比绕道印度洋和苏伊士运河的海运线路短了约 1 万千米，大大节约了运输费用和时间。

鹿特丹港区水域深广，可以停泊巨型货轮和超级油轮。（视觉中国供稿）

新亚欧大陆桥经济走廊

但是新亚欧大陆桥这条铁路交通干线经过的国家较多，通关成本比较高。如何进一步推动沿线国家通关便利化、贸易和投资便利化，建设一条便捷高效的经济大通道，是一个重要课题。

目前，中国与俄罗斯、白俄罗斯等国家已就丝绸之路经济带和欧亚经济联盟发展规划的对接达成协议。这些举措将极大地推动新亚欧大陆桥经济走廊的建设和发展，加强"一带一路"建设，为亚欧各国带来更加广阔的发展前景。

连云港是新亚欧大陆桥的东桥头堡。它是新亚欧大陆桥经济走廊首个节点城市，也是丝绸之路经济带的东桥头堡。（视觉中国供稿）

展望新亚欧大陆桥

21世纪的"一带一路",好像神话中的魔毯,一下子在世界铺开,覆盖的地方很宽很宽。

喔,辽阔的亚欧大陆,大得几乎没有边。这边和那边要联系,许许多多货物等着运送,怎么办?

按照传统的办法,将货物装进集装箱,搬上一艘艘巨大的货轮,慢悠悠穿过马六甲海峡、苏伊士运河,或者绕过好望角互通有无吧。

不,那太远、太远!

从大雪飘飘的西伯利亚地区,用火车将货物运过去吧。

不,那太偏、太偏!

这也不好,那也不成,应该怎么办?

好办!好办!

第一亚欧大陆桥不够用,就开辟一条第二亚欧大陆桥吧。

第二亚欧大陆桥就是新亚欧大陆桥,避开了寒冷的西伯利亚地区。它有一条主干道,还有一些分支路线,途经很多地方,覆盖的地域非常宽阔,几乎包括整个亚欧大陆。

新亚欧大陆桥从中国的东海之滨——江苏省连云港起步,经过江苏、安徽、河南、陕西、甘肃、青海、新

新亚欧大陆桥经济走廊

疆七个省区的许多城镇，从阿拉山口出境，再分为三条线路到荷兰鹿特丹港。

中间一条线路经过哈萨克斯坦东部的铁路枢纽阿克斗卡、北部的切利诺格勒；进入俄罗斯后，绕过莫斯科，直接从伏尔加河中游的古比雪夫，到达俄罗斯西部边境的斯摩棱斯克；再穿过白俄罗斯，从它的西部边境城市布列斯特进入波兰；经过波兰首都华沙、德国首都柏林，最后到达荷兰鹿特丹港。这条线路比第一亚欧大陆桥短了约3000千米，辐射的范围更大，包括30多个国家和地区。

北边一条线路经过哈萨克斯坦阿克斗卡、切利诺格勒后，从彼得罗巴甫洛夫斯克到俄罗斯莫斯科，再回到

2017年5月25日，江苏连云港新亚欧大陆桥桥头堡标志处，边检站官兵在执勤。（视觉中国供稿）

中间的布列斯特、华沙、柏林一线,到达荷兰鹿特丹港。

南边一条线路经过哈萨克斯坦南部的阿雷斯、俄罗斯的布良斯克,再经过布列斯特、华沙、柏林,到达荷兰鹿特丹港。

南边这条线路还可以从布良斯克分出一条岔路,经过乌克兰西部边境城市乔普,到达匈牙利的首都布达佩斯;进一步延伸到斯洛伐克、捷克、奥地利、瑞士和德国南部,直接进入欧洲腹心地带;再转一个弯,进入亚平宁半岛。

瞧,这条新亚欧大陆桥不是光溜溜一条线,而是一个非常广阔的铁路网,途经亚洲和欧洲的许多国家,沿途有数不清的城镇,贸易范围更加宽广。

最值得一提的是,它还避开了严寒的西伯利亚地区。无论辐射的地理范围还是沿途的环境条件,都远远超过第一亚欧大陆桥。

1990年9月,新亚欧大陆桥全线贯通。

1993年,新亚欧大陆桥中国段全线开发开放,被列为重点开发建设的经济区域,不断加强中国与亚欧有关国家之间的经贸交流和合作,也推动了沿线国家和地区的经济发展。

新亚欧大陆桥的区域经济发展具有很好的互补性。对西欧的一些发达国家来说,这个区域人口众多、资源丰富,是一个巨大市场,也是资金、技术和管理输出的理想之地;对中国和亚洲、东欧一些国家来说,新亚欧大陆桥的开放可以更好地促进吸收国际资本、技术和管理经验,加快经济发展。亚太地区的经济发展,越来越

新亚欧大陆桥经济走廊

需要开拓欧洲市场；欧洲联盟国家也需要寻求亚太地区的贸易伙伴，选择投资对象。这样一来，双方的需求都能够得到满足。

新亚欧大陆桥的影响范围不可估量，对亚欧大陆东边也有很大的影响。

俗话说，近水楼台先得月。不消说，我国的港澳台地区，以及邻近的日本、韩国以及东南亚各国，都可以依靠这条线路开展集装箱运输，进行贸易往来。

我们再算一笔账：从日本、韩国的一些港口出发到欧洲，通过新亚欧大陆桥，水陆全程仅约12000千米，比经过苏伊士运河的海上运输线少约8000千米，比经过巴拿马运河的海上运输线少约11000千米，比绕道好望

阿拉山口口岸位于新疆博尔塔拉蒙古自治州境内，是新亚欧大陆桥中国段的西桥头堡。（视觉中国供稿）

角的海上运输线少约 15000 千米。

新亚欧大陆桥使东亚和中亚、西亚的货运距离大大缩短，货物可以畅通无阻地运送出去，急需的物资和资本、技术也可以被顺利引进。

这对于亚洲一些相对落后的国家和地区来说，真是一个很好的福音。

新亚欧大陆桥实在太好了，简直就是"幸福的金桥"。它的出现，能推动"一带一路"沿线国家飞速发展，真正实现开放包容、互利共赢，共话创新合作。

新亚欧大陆桥，我为你放声歌唱！

"一带一路"，我为你衷心赞颂！

乌克兰

乌克兰是东欧最古老的国家之一，公元9—12世纪时大部分属于基辅罗斯。乌克兰是一个名副其实的"黑土国"，全国几乎三分之二的土地是肥沃的黑土地，乌克兰也被称为"欧洲粮仓"，是世界上第三大粮食出口国。此外，这里的煤、铁等矿产资源也很丰富。

新亚欧大陆桥经过乌克兰，这里是整个大陆桥的重要一环。

连云港，新亚欧大陆桥 起跑的跳板

万里长征，总有第一步。

马拉松赛跑，也有一个起点。

迢迢万里的新亚欧大陆桥，也是一样的。

连云港，就像万里长征之路或马拉松的起点，它就是新亚欧大陆桥起跑的跳板。

说得明确些，它就是新亚欧大陆桥东端的起点。

连云港，坐落在江苏省的东北角，古时叫作海州。它紧挨着山东省，距离著名的滨海城市青岛和日照都不

连云港依山傍海，有大面积滨海湿地、海洋滩涂。浪漫的连岛海滨旅游度假区吸引了无数中外游客。（视觉中国供稿）

远。

海州、海州，当然是靠着海的一个州。听着这个名字，你就可以知道它和大海有着密切的关系。

连云港面朝波涛滚滚的黄海南部，对面就是韩国和日本，自古以来就是沿海漕运的中转站，也是通往韩国、日本的进出港。

连云港是陇海铁路的起点。东西向的陇海铁路从这里出发，横穿华北和西北大地，经过徐州、郑州、宝鸡等铁路枢纽，直达甘肃省的省会兰州，和兰新铁路连接，直通新疆的乌鲁木齐和阿拉山口。

连云港和阿拉山口，挑起了新亚欧大陆桥最东边的中国段的大梁。

连云港和鹿特丹，挑起了整个新亚欧大陆桥的大梁。

连云港的条件到底有多好？

别忘记，它是全国十大海港之一，响当当的亿吨大港。

别忘记，这儿气候温暖，冰冻的现象较少，船舶一年四季可以不间断地进行作业，这比符拉迪沃斯托克好得多。符拉迪沃斯托克位于寒冷的西伯利亚地区，是第一亚欧大陆桥东端的起点。

还别忘了，连云港正好位于中国东方海岸的中点，距离南北方许多海港很近，比如北方的大连、天津，南方的上海，距离台湾岛也不算太远；这里是中日、中韩航线的起点之一；它附近的徐州是陇海铁路、京沪铁路的交叉点，南北物资流通便利。境内外海陆空运输的物资，很容易在这里集中和分流，这也是连云港的一个非常重要的优势。

新亚欧大陆桥经济走廊

孙中山先生早就注意到连云港的重要性了。他在《建国方略》中指出，中国要发展，必须开辟一系列重要的海港，其中就包括这个海州。他认为，一旦"中国中部大干线海兰铁路"贯通，海州势必担当起更加重大的任务。

他说的海兰铁路，就是后来建成的陇海铁路。根据他的判断，这条东西交通大动脉建成后，连云港将承担起西北和中原大地吞吐门户的重要任务。

时代在发展，世界在进步。随着连通西部边陲阿拉山口的铁路和口岸的开通，从连云港出发的列车可以横贯亚欧大陆，直达大西洋海岸的鹿特丹，连云港因此成为新亚欧大陆桥东端的桥头堡。

云台山位于江苏连云港，多奇峰异石，以花果山、水帘洞等景点最为著名，是全国重点风景名胜区。（视觉中国供稿）

孙中山对连云港的评述

孙中山

孙中山先生在《建国方略》中说："海州位于中国中部平原东陲。此平原者，世界中最广大肥沃之地区之一也。海州以为海港，则刚在北方大港与东方大港二大世界港之间，今已定为东西横贯中国中部大干线海兰铁路之终点。海州又有内地水运交通之利便，如使改良大运河其他水路系统已毕，则将北通黄河流域，南通西江流域，中通扬子江流域。

"海州之通海深水路，可称较善。在沿江北境二百五十英里海岸之中，只此一点，可以容航洋巨舶逼近岸边数英里内而已。欲使海州成为吃水二十英尺之船之海港，须先浚深其通路至离河口数英里外，然后可得四寻深之水。海州之比营口，少去结冰，大为优越；然仍不能不甘居营口之下者，以其所控腹地不如营口之宏大，亦不如彼在内地水运上有独占之位置也。"

"世界港"鹿特丹

鹿特丹，真牛气，把自己的名字和世界联系在一起。

写书的老头儿曾经到过鹿特丹。我随当地的朋友驾车直奔这个港口时，忽然抬头，瞧见前方路口高高悬挂着一个指路牌——"EUROPE PORT"。

"EUROPE"就是"欧洲"，加上一个"PORT"，岂不是"欧洲港"了？

请注意，这不是人们嘴巴里随便说说的，而是正式的指路牌。当地能够将指路牌这样挂出来，表明这个说法得到了人们的公认。

鹿特丹的英文名为Rotterdam，"Rotter"就是鹿特河，"dam"的意思是"水坝"。从这个名字来看，这只不过是在一条小小的鹿特河上修筑的水坝而已，怎么能和堂堂欧洲拉扯上关系，简直把自己当成这个大洲的"代言人"？

俗话说，时势造英雄。"欧洲港"这个名字，就是20世纪以来的世界形势为鹿特丹造就的一个英雄式的别号。

鹿特丹位于荷兰偏南部，莱茵河三角洲北侧，距离世界名城海牙不远，是荷兰第二大城市。

它的前面是北海，背后是整个欧洲，水陆交通都很方便，因此鹿特丹长期为欧洲最大的海港。

欧洲的港口很多。特别值得一提的是，西欧从中世纪就开展了航海事业，有着悠久的历史，许多港口具有天生的地理优势，都是名副其实的天然良港。它们怎么会将第一把交椅的荣誉奉送给这个小国的海港？其中到底有什么奥秘？

先撇开鹿特丹的奥秘，看一看欧洲的其他港口吧。

昔日的海上霸主英国有着不少天生的良港。这儿与欧洲大陆有着一水之隔，虽然这里的港口条件好，但是大陆上的货源不能被滚滚不息地顺利运送到这些港口。

葡萄牙、西班牙也曾经威风八面，是从前的海霸王。意大利、希腊的良港也不少，可是这些国家的海港大多在地中海附近，和广阔的外部世界联系得不够密切。

不，这也不成。

德国的汉堡、波兰的格但斯克、俄罗斯的圣彼得堡……北欧的几个国家也有很好的海港。可是同样由于

荷兰是世界上风车最多的国家，被誉为"风车之国"。（视觉中国供稿）

太靠近内陆，没法承担整个欧洲进出口海港的重任。

除了英国的港口，北欧、南欧、中欧的港口都不成，剩下来的只有西欧的港口。

西欧的海岸线上，从北到南是荷兰、比利时、法国。

法国最大的进出港是位于地中海边的马赛，不仅受直布罗陀海峡内地中海大环境的限制，背后也远离整个欧洲的"心脏"。位于大西洋岸边的法国港口大多面对英吉利海峡，背后的交通条件没有太大的优势。

比利时呢？坐落在莱茵河三角洲南侧不远处的安特卫普港还不错，却也比不上鹿特丹。

鹿特丹附近是平浅的沙岸，不是岩石海岸，因此可以改造呀！

这儿有一句流行了几百年的老话："上帝造海，荷兰人造陆。"可以和上帝相比的荷兰人，依靠传统的历史经验和先进的现代技术，还有什么不能办到的呢？

鹿特丹的背后是一马平川的大平原，直通欧洲的"心脏"。这里的铁路交通十分发达，加上四通八达的公路网，可以连接欧洲大部分大城市。从鹿特丹出发，只需8—10小时就可以到达巴黎、汉堡等重要城市；即使是遥远的北欧，也可以在24小时内到达。

此外，鹿特丹还有内河驳船集装箱运输，能以低廉的价格，将货物迅速运送到莱茵河沿岸的许多河港。

瞧吧，鹿特丹可以连接中欧、西欧和东欧的许多国家，将它作为整个欧洲的门户，再好不过了。因此长期以来，它就是欧洲最大的海港。我看见的那个路牌没有错，鹿特丹就是当之无愧的"欧洲港"。以集装箱运输量计算，

荷兰围海工程位于荷兰西部濒临北海的莱茵河、马斯河和斯海尔德河的河口三角洲地区，是世界著名沿海低洼地区围海工程。（视觉中国供稿）

20世纪80年代，鹿特丹还曾经超过美国纽约，成为世界第一大港口呢。

时代在发展，世界在前进。随着第一亚欧大陆桥的建成，特别是新亚欧大陆桥的全线贯通，大陆桥西端终点站的鹿特丹，更进一步承担起整个亚欧大陆的"西大门"的重大任务，重要性更上一层楼。

今天的鹿特丹一步飞跃，已经从"欧洲港"进一步成为"世界港"。无论港口的硬件设施、软件管理，还是它所连接的广阔的亚欧两大洲腹地，鹿特丹都无愧于"世界港"这个荣誉的桂冠。

鹿特丹不仅是港口，也是一个工业中心。这里有包括炼油厂在内的许多大工厂和仓库，是一个全面型的现代化海港，能满足新亚欧大陆桥的多功能要求。鹿特丹和东端的连云港遥相呼应，将鹿特丹作为整个大陆桥的桥头堡，真是再好不过了。

鹿特丹从"欧洲港"到"世界港"的过程，不也是"时势造英雄"的一个生动例子吗？

荷、比、卢"三兄弟"

北海边，有荷兰、比利时、卢森堡"三兄弟"。它们从北到南，紧紧挨在一起。从前它们成立了联合王国，后来才一分为三。

在欧洲的《申根协定》普遍实行以前，人们不能持一个签证走遍大半个欧洲。但是这"三兄弟"早就允许人们持一个签证通行了。它们的四周都是惹不起的强国，历史上曾经遭受多次蹂躏，它们就算申明中立也无法避免战争，所以就抱得紧紧的。卢森堡和荷兰甚至连国旗都非常相似，都是红白蓝三个横条，只不过卢森堡的蓝色横条略浅一些，粗心的游客常常分不清楚。写书的老头儿第一次来到卢森堡，也迷惑了好一会儿。

荷兰王国在比利时王国的北边，面积约4.15万平方千米，人口约1702万。它的首都是阿姆斯特丹，政府却在海牙。所以包括中国大使馆在内，几乎所有的外国大使馆，以及海牙国际法庭等，统统设在海牙。荷兰的首都和行政中心不一致，这也是一个特殊的例子。

荷兰又叫尼德兰，前者是"森林"或"潮湿"的意思，不管什么意思，都符合这儿的特点，因为古时候，这里本来就是一片森林蔽天的潮湿地方啊；后者是"低地"的意思，因为这里本来就是有名的"低地之国"嘛。

这里本来是尼德兰王国，因为国内的北荷兰省和南荷兰省非常有名，所以这里就被人们称为荷兰王国。

人们来到这个国家，当地人常常会一本正经地介绍这儿是海平面之下多少米。这里的海拔到处是负数，人们仿佛来到了水底龙宫。

荷兰首都阿姆斯特丹，就是名副其实的"水底城市"。这里原本是一片沼泽地，到处一派水汪汪。这座城市建筑在100多个小岛上，市内160多条运河纵横交错，2500多座桥梁连接着各个街区，好像一个非常复杂的水上蜘蛛网。因为阿姆斯特丹基本上是从海底开发出来的，所以是一座真正的"水城"。

走出这儿的史基浦国际机场，迎面瞧见一根标有刻度的木头柱子。柱顶上有一只船，下面缀饰着一条条鱼。它用无声的语言提示来访者，这里原本是海底，现在来访者站立的位置是海平面以下4米多的地方。

荷兰境内到处是大堤、运河与风车。荷兰全国几乎

郁金香是荷兰的国花。库肯霍夫公园位于阿姆斯特丹近郊，园内郁金香的品种、数量、质量以及布置手法堪称世界之最。（视觉中国供稿）

三分之一的土地都是与海争地，从水下硬"捞"出来的。"上帝造海，荷兰人造陆"，这话一点儿也没有错。

比海平面还低的土地，肯定很潮湿。人们穿皮鞋不行，就穿特殊的木鞋。有些地方种庄稼不成，就种植牧草，发展畜牧业和花卉业。人们种植各种各样的鲜花，美丽的郁金香最多。

风车、木鞋、郁金香，是荷兰的三个象征，你明白了吗？当然啰，还得加上大堤、运河和奶牛呀！

比利时王国在荷兰王国的南边，全国面积约3.05万平方千米，人口约1121万。

有人认为，比利时这个名字来源于一个部落。也有一个说法认为，这个名字是"多沼泽的林地"之意，和这里最早的自然环境有关系。

比利时的首都布鲁塞尔是中世纪的一个古城。欧洲联盟，以及别的许多国际组织的总部，都设立在这里。一座高高的布鲁塞尔原子塔耸立云端，是现代化的象征。所以布鲁塞尔又被称为"欧洲的首都"。

比利时的工业很发达，本身就是一个现代化的国家。

这儿的安特卫普港水深、泊位多，每年平均有1万多艘船进出港口，货物吞吐量接近2亿吨。它是比利时第一大港、欧洲第二大港、世界第四大港，距离鹿特丹很近，可以相互补充，分担新亚欧大陆桥的运输任务。

在荷、比、卢"三兄弟"中，卢森堡大公国位于最南边，也是最小的一个国家，全国面积约2586.3平方千米，人口约58万。

卢森堡被德国、法国、比利时紧紧围住，是一个没

卢森堡古堡位于卢森堡市老城区,建于1644年。古堡在历史上是兵家必争之地。(视觉中国供稿)

有出海口的内陆国。虽然它没有出海的港口,却由于位于德国通往法国的要道上,历史上发生过许多重要事件,是一个有名的"十字路口国家"。

卢森堡这个名字的意思是"小城堡"。这有些小看了它。请到同名的卢森堡市看一看,人们的第一印象就是整个城市和峡谷围绕的高耸台地融为一体。这儿有许多古堡和大桥,所以又被称为"千堡之国""桥梁之城"。

这个古老的城市曾经有三道城墙,耸立在崖顶。半崖上还有一圈带枪孔的地道和暗堡,加上一个个炮台,构成严密的防御系统。城堡下面环绕着100多米深的狭窄的峡谷,好像天然的护城壕沟,插翅也无法飞越。山崖就是城堡,城堡就是山崖,完全融为一体,这里真是任何强敌都难啃的硬骨头,哪是什么不起眼的"小城堡"?

卢森堡虽然是一个"袖珍王国",但是地理位置十分重要,铁矿资源非常丰富,钢铁工业也很发达。值得一提的是,世界第一大钢铁集团——阿塞洛-米塔尔集团的总部就在这里呢。

蓉欧快铁传来的喜报

蓉欧快铁是"一带一路"规划中的丝绸之路经济带的一个重要组成部分。

蓉欧快铁就是蓉欧国际快速铁路货运直达班列。它的一边是中国四川的"蓉城"成都,一边是波兰中部的罗兹。

成都有都江堰、杜甫草堂、武侯祠,大家都知道这些有名的历史文化古迹。至于波兰的罗兹,对有些人来说,实在太陌生。分别位于中国和欧洲内地的这么两个城市,怎么一下子拉起手来,修建了一条快速铁路?

是呀,真的有些不明白。在人们的印象中,内地似乎就是闭塞的代名词。中国和欧洲相距遥远,如果要联

都江堰位于四川都江堰市,是中国古代著名水利工程之一。(视觉中国供稿)

2017年1月28日，位于成都市青白江区的成都铁路集装箱中心站内，中欧班列（蓉欧快铁）正在装车。（视觉中国供稿）

系，也该首先考虑沿海的港口，或者一些特大城市呀，为什么会选中成都和罗兹这两个不怎么显山露水的二线城市？

有一个词叫作"慧眼独具"。

蓉欧快铁就是"一带一路"规划中独具的慧眼。

在发展过程中，不能只盯住沿海和特大城市，还必须带动相对封闭、落后的内地。内地有着丰富的资源，拥有广阔的腹地。只有内地和沿海齐头并进，共同发展，才能促进整个国家繁荣进步。

蓉欧快铁的构思就是这样来的。不仅中国有这样的观念，波兰也有同样的想法，双方一提出来，立刻动手付诸实践。

2012年，波兰罗兹的一些国际企业提出，能不能开辟一条从中国西部到罗兹的物流线？因为中国迅速崛起，引起满世界热烈关注。搭上中国快车共同发展，早就是许多国家和地区的共同心愿。

中国西部的资源丰富，潜力很大，成都就是这里的一个中心。目前成都是西部地区设立外国领事馆数量最多的城市，还有许多重要的中资、外资企业，是中国西部对外联系的重要中心城市。波兰罗兹也一样，相互交流对双方都有很大的好处。从国家的角度来说，波兰对于发展有迫切的需要；中国正在进行西部大开发，也需要寻找直接通往外部世界的窗口。于是双方一拍即合，立刻积极行动起来。

2013年3月26日，双方在成都签署了合作协议，这个梦想一下子实现了。根据计划，蓉欧快铁将从当年的4月26日开始，每周五发出一列快速列车，准时从成都铁路集装箱中心站出发，经过宝鸡、兰州到阿拉山口出境，沿途经过哈萨克斯坦、俄罗斯、白俄罗斯等国，直达遥远的波兰罗兹。该线路全长约9826千米，其中成都至阿拉山口约3511千米，阿拉山口至罗兹约6315千米。这样漫长的路途，计划12天到达。

这是超长距离的跨国货运，所经地区的情况不一样，路途非常复杂。由于中国和大多数欧洲国家铁路使用标准轨道，"独联体"国家铁路使用宽轨，因此蓉欧快铁在经过"独联体"国家的时候，还得进行两次换轨吊装作业，多少会耽误一点儿时间，所以实际运行时间是14天。

不过，凭借中国的高铁技术，蓉欧快铁还可以加快速度，最后运行时间缩短到12天，甚至更短。

仔细算一笔账，12天的运行时间大约是传统铁海联运时间的三分之一，运价大约是空运费用的四分之一。

这才是真正的国际快速铁路，体现了一个"快"字，还价格低廉，实在太合算。

双方心情迫切，仍觉得计划中的这个开通时间有些晚。那么是不是还可以提前？

可以呀！位于成都市青白江区的成都铁路集装箱中心站设备完整，有许多巨大的仓库和新兴工业园地，交通便捷。不用花费太大的力气，蓉欧快铁立刻可以运行。

是的，说干就干，不用等到2013年4月26日，同年4月2日，蓉欧快铁就发出了第一列货运快车。

瞧吧，这真是新时代的飞跃速度。请全世界记住，这就是中国的速度。

2015年，从波兰罗兹返回的列车也到达成都铁路集装箱中心站。几十个集装箱，装满了从波兰运来的新鲜水果、果酒、矿泉水、饼干、机械和工业原料。随后，波兰外交部部长专程来到这里，跳上火车头，向人们挥手致意，说："请品尝波兰的美酒，欢迎大家去罗兹。"

蓉欧快铁不仅具有重要的经济意义，还有着多方面的影响。不久，一个波兰文化团体也来到成都，开展文化交流。波兰朋友兴奋地说："这就是一条新丝绸之路，梦想实现得这么快，真没有想到。"

是呀，这不仅可以使波兰人乃至全欧洲人更快得到成都和中国西部的各种产品，也使成都人能吃到更加新鲜的波兰牛肉、水果，喝到更加实惠的法国红酒、德国啤酒。人们网购欧洲箱包、服装、咕咕钟，不用再支付

高昂的航空运费，这条快速铁路很快就能把它们送到人们手中。

罗兹不是最后的终点。从中国运送来的货物到达这里后，可以通过发达的欧洲铁路、公路网，在一至三天被快速转运到欧洲的各个角落。

成都也不是唯一的起点。它通过发达的铁路网，可以连接重庆、贵阳、昆明等中国西南地区其他省市，大大扩宽了起点的范围。

这还不算呢。南方的厦门、宁波、深圳等一些沿海城市也可以搭上蓉欧快铁的顺风车，互联互通，优势互补。成都作为交通枢纽，辐射的范围越来越大，从中国内陆到东部、南部沿海，进一步连接东南亚各地，实现更大范围的海陆联运，把蓉欧快铁的作用发挥到更大。

在欧洲，蓉欧快铁也有进一步向北延伸的计划，如

2015年8月18日，中欧班列（蓉欧快铁）首趟返程班列从波兰罗兹发车，并于9月6日下午顺利抵达成都。（视觉中国供稿）

延伸到波罗的海三国，进一步延伸至法国、比利时、荷兰等欧洲国家枢纽城市，进而联系更多的国家，扩大影响范围。

中国国内实施城市互联互通班列工程，通过国内的交通网络，连接长三角、珠三角和环渤海经济圈，构建起东至日韩、南至东盟、西至中亚和欧洲的国际区域经济合作的新格局。

根据统计，目前蓉欧快铁的货源主要来自重庆、成都、广东、浙江、福建、上海等6个省市，货物主要被运送到波兰、德国、法国、意大利等18个国家和地区。

蓉欧快铁不仅是两条光溜溜的铁轨，从长远来看，实际上是一个集中双方优势、远程货物运输的新方案，彻底改变了内陆城市向外发展必须依赖港口的陈旧历史。

自2013年开通以来，蓉欧快铁逐渐实现双向稳定运行。2015年，蓉欧快铁与"渝新欧""郑欧"等全国16个城市开往欧洲的39条线路正式更名为中欧班列。2017年中欧班列（蓉欧快铁）将开行1000列直达货运班列，逐步建立起中欧货运班列"快速直达"的品牌优势。

请记住2013年4月，蓉欧快铁正式开通运营。

请记住2013年9月，仅仅相隔5个月，中国国家主席习近平访问哈萨克斯坦，提出共同建设丝绸之路经济带的倡议。蓉欧快铁的开通与习近平主席的倡议绝对不是时间上偶然的巧合，而是顺应亚欧大陆发展形势、争取合作共赢的必然选择。

罗兹

罗兹在波兰中部,位于维斯瓦河与瓦尔塔河的分水岭上,是波兰的第二大城市和最大的纺织工业中心。

位于罗兹北边50千米处的库特诺是许多电气化铁路的交叉点,也是公路交通枢纽,工业很发达。库特诺国际联运铁路港是欧洲大陆最重要的物流枢纽之一,大量来自亚欧的集装箱货物通过铁路和公路在这里中转。

库特诺国际联运铁路港是中欧班列(蓉欧快铁)的又一基本站点,和成都铁路集装箱中心站一起,托起了成都和罗兹之间、中国西部和欧洲之间的整条中欧班列(蓉欧快铁)。

罗兹艺术博物馆(视觉中国供稿)

波罗的海"三姊妹"

波罗的海像一条长长的水巷，从北大西洋向东，一直深深进入欧洲大陆内部，带来北大西洋的潮湿海风和亲切问候。

这条水巷两边，排列着许多"住户"。

波罗的海北边的斯堪的纳维亚半岛上有挪威、瑞典，它们与"千湖之国"芬兰隔着南北纵向的波的尼亚湾。

波罗的海南边从西向东排列着丹麦、德国、波兰。丹麦像一道水上的屏风，横拦住进口，使整个波罗的海更像一个半封闭的内湖。

十字架山位于立陶宛，是一个朝圣地。几个世纪以来，前来朝圣的天主教徒在这里安插了约10万个十字架，它们记录着立陶宛可歌可泣的历史。（视觉中国供稿）

这条水巷的尽头就是爱沙尼亚、拉脱维亚、立陶宛三国和背后的俄罗斯。

爱沙尼亚、拉脱维亚、立陶宛紧紧挨在一起，好像形影不离的"三姊妹"。

这"三姊妹"中，最南边的立陶宛共和国像个大姐姐，全国面积约6.53万平方千米，人口约285万。13世纪时，这里建成的立陶宛大公国曾经显赫一时，可以向周围的北欧、东欧强国叫板呢。

关于立陶宛这个名字的含义，有许多说法。一个说法是"雨水多的国家"，另一个说法是"海岸"，还有人将它解释为"流动的河水"。不管怎么说，这几个说法都表明这儿靠近海边，雨水多，河水也不少。

这话不错，立陶宛的确是浸泡在雨雾和水泽中的国

里加是拉脱维亚的首都，濒临里加湾，被称为"波罗的海跳动的心脏""北方巴黎"。（视觉中国供稿）

家。人们来到这儿一看，到处是大大小小的湖泊、沼泽与河流，它是欧洲湖泊最多的国家之一。

立陶宛境内面积超过0.005平方千米的湖泊就有2830个，湖泊总面积达880平方千米，在全国总面积中占了很大的比重，再加上722条河流，水域面积就更大了。

这个不算太大的国家，除了有众多河湖，还有广阔的森林，这也是重要的自然资源。

立陶宛的首都是维尔纽斯。维尔纽斯这个名字的意思是"波浪"。这不是指海上波浪，而是指它坐落在一片波浪般起伏的丘陵上这一地形特点。也有人说，这个名字是从贯穿全城的维尔尼亚河而来的。它自古以来就是立陶宛大公国的首都，是波罗的海地区的一座历史文化名城，有着辉煌的历史和许多古迹。

坐落在立陶宛、爱沙尼亚之间的拉脱维亚共和国，算是波罗的海"三姊妹"中的老二，全国面积约6.46万平方千米，人口约197万。公元前3000年左右，拉脱维亚人的祖先就在这儿定居，有着非常悠久的历史。

拉脱维亚这个名字的意思是"铠甲"，表现出古时候人们为了独立和自由，与周围的强敌不懈斗争的英勇气概。

拉脱维亚的首都里加，名字来源于附近的一条河。里加坐落在宽大的里加湾深处，本身就是一个优良的港口，自古以来就是北欧联系中欧和东欧的要道。

还值得一提的是，拉脱维亚是世界闻名的琥珀产地，自古以来就很有名气。蜜蜂、蜘蛛等小动物被包裹在松脂中，静静地沉睡了两三千万年，逐渐形成珍贵的琥珀。

新亚欧大陆桥经济走廊

塔林是爱沙尼亚的首都,也是波罗的海沿岸重要的商港和旅游胜地。(视觉中国供稿)

位于这一区域最北边的爱沙尼亚共和国,是波罗的海"三姊妹"中最小的一个。全国面积约 4.53 万平方千米,人口约 131 万。

它的国土面积虽然不算太大,但是有 7000 多条河流,加上许多湖泊,水域面积也很大。其中,和俄罗斯交界的楚德湖,总面积有 3500 多平方千米,爱沙尼亚就占了一半左右。

爱沙尼亚这个名字的意思是"水边居住者",清楚地表明了这里的特点。说它是漂浮在水上的国度,似乎也有一些道理。

爱沙尼亚的首都是塔林,这个名字的意思是"丹麦的城堡"。

塔林为什么是这个意思呢?因为这里曾经被丹麦占领过,是控制波罗的海东部的一个要塞。

塔林是全国最大的港口,曾经是连接中欧、东欧和南欧、北欧的交通枢纽,被称为"欧洲的十字路口"。只是这一点,你就可以想象这儿有多么重要了。

请别小看这个国家,它的科学技术和经济很发达,被称为"波罗的海之虎"呢!

爱沙尼亚、拉脱维亚、立陶宛,美丽的波罗的海"三姊妹"。它们位置相邻,命运相共,曾经有过相同的辉煌与悲伤的历史。如今它们傲然独立,团结在一起,也向往着搭上来自遥远中国的"快车",共同繁荣进步。

啊，波兰

啊，波兰，坚强不屈的波兰！

波兰是最东边的中欧国家，位于中欧向东欧直接过渡的地方。不消说，它也是东欧走向中欧的第一块跳板。

波兰呀波兰，背靠强大的德国，面对强大的俄罗斯，从前侧边还有一个强盛的奥匈帝国，三面都是惹不起的强邻。

虽然波兰在历史上一度辉煌，也抵挡不住这几个邻居前后夹攻，曾经被三次瓜分而亡国。即使在独立期间，

华沙古城建于13世纪末，是波兰首都华沙最古老的地方，也是这里最有特色的景点之一。（视觉中国供稿）

华沙维斯瓦河西岸，矗立着一座美人鱼青铜雕塑，这是英雄城华沙的象征。（视觉中国供稿）

它也随着周围邻居的势力消长，被踢皮球似的踢来踢去，国界线一会儿向东移动，一会儿向西移动，国土面积一会儿大一些，一会儿又被挤压得很小。夹在强邻中间的波兰，日子很不好过。常言道，"惹不起，躲得起"。可是国家不是住户人家，不能像当年孟母"择邻处"一样，遇着不好的邻居就搬家呀！

波兰呀波兰，它的命运可真是波澜起伏，有时候几乎难以自主。

不屈的波兰，一步步走过来很不容易，令人无限崇敬。屹立在波兰首都华沙市中心的一座手持宝剑的"华沙美人鱼"雕像，就是最好的象征。

啊,波兰,美丽富饶的波兰!

波罗的海和维斯瓦河上涌起层层波浪,春天的原野开遍美丽的三色兰。这也是难忘的"波"和"兰"呀!

噢,不是三色兰,是波兰的国花三色堇,是"波"和"堇"。

维斯瓦河是波兰的母亲河,发源于波兰南部山脉,全长1000多千米,是名副其实的千里长河。汩汩不绝的河水,向北流淌过整个国家。

维斯瓦河经过南方历史文化中心克拉科夫,经过首都华沙,直到北方大门格但斯克港附近,流进中欧与北欧之间的波罗的海。维斯瓦河是流进波罗的海的最大河流。

这条母亲河还有许多微血管似的大小支流,流域面积达到19.2万平方千米,约占全国国土面积的三分之二。

维斯瓦河像慈祥的母亲,哺育着整个国家,是当之无愧的波兰母亲河。

有着紫、白、黄三色的三色堇,既好看,又耐寒。每年4月至7月,三色堇遍地开放,布满整个原野。数不清的小小花朵,把大地装饰得格外美丽。

遍地盛开的三色堇,似乎就是波兰的国魂,默默无言地向世界宣告,自己的国土这么美好,平凡而又如此坚毅。

啊,波兰,积极开发的波兰!

波兰共和国全国面积约31.27万平方千米,人口约3843万。它既是传统的农业国、矿业国,也是新兴的工业国。

波兰、华沙

波兰这个名字的意思是"平原",十分恰当地描绘了这里的地理特点。

华沙这个名字来源于一个小村子,意思是"城堡"。

三色堇是欧洲常见的野花，是波兰的国花。它的花朵通常有紫、白、黄三色，较耐寒，喜凉爽，开花受光照影响较大。（视觉中国供稿）

传统的小麦、马铃薯、甜菜，甜滋滋的苹果，号称"黑金"的煤，都是固有的生活必需品，加上各种各样的工业品，构成波兰出口货物最主要的部分。

啊，波兰，交通发达的波兰！

波兰全国几乎都是广阔的平原和缓缓起伏的丘陵，只有最南边才有高山的影子，所以交通十分方便。此外，这里是中欧和东欧的连接之处。由于这个特殊的地理位置，古往今来的东西方交通路线大都经过这里，波兰承担着托起亚欧大陆桥的重任。

在崭新的丝绸之路经济带蓝图中，波兰将发挥更加重要的作用。

心对心的郑欧班列

呜呜呜，郑欧班列来了。

2013年7月18日，第一列郑欧国际铁路货运班列从郑州出发，开往遥远的德国汉堡，开启了中国与欧洲的新丝绸之路。这就使代表整个中原的郑州连通了广阔的世界。

郑欧班列只比丝绸之路经济带的先锋——蓉欧快铁晚4个月运行。它们一下子双箭齐发，显示出新时代的中国速度。

德国被称为欧洲的"心脏"，汉堡是德国最重要的海港。位于中原的郑州也是中国的"心脏"呀！

"心脏"对"心脏"，才叫作以心见心，够真诚，也够直接。

郑欧班列沿着陇海铁路、兰新铁路的轨迹，从中国新疆的阿拉山口出境，沿途经过哈萨克斯坦、俄罗斯、白俄罗斯、波兰等国家，直达德国汉堡，全长约10214千米。郑欧班列全程运行时间为11天到15天，比海运节省了20天左右，比空运节约资金约80%，真是再好不过了。

常言道："一根肠子通到底。"郑州和汉堡之间的这条线路，是不是也像一根直筒筒的肠子，没有别的分岔呢？

德国

德国位于中欧，首都柏林。德国的科学技术和工业非常发达，农业技术也很先进，是高度发达的工业国，目前是欧洲第一大经济体。

2016年7月4日，一列中欧班列（郑欧班列）通过内蒙古二连浩特口岸，驶往欧洲。（视觉中国供稿）

不，不是这样的。郑欧班列还有"一带三"的模式呢。它的"一带三"是什么？

"一带三"的意思是，一条郑州到汉堡的线路，带动了另外三条线路，它们是郑州到哈萨克斯坦的第一大城市阿拉木图、郑州到俄罗斯的首都莫斯科、郑州到波罗的海边的立陶宛港口克莱佩达。

这还不算呢，郑欧班列以后还将开通经过中亚、土耳其、巴尔干半岛等亚洲和欧洲的一连串地方，到达西欧钢铁中心之一卢森堡的南欧线路。它的目的地站点仍在不断增加。

请看，这样一来，它就不仅是一条普通的铁路，而将一步步扩大为一个庞大的交通网络，影响到许许多多国家和地区。

新亚欧大陆桥经济走廊

郑欧班列如此重要,为了保障它在中国境内行驶通畅,相关部门给予它全程"绿灯"的待遇。郑欧班列从郑州铁路集装箱中心站发车后,沿途不停靠、不让车,直达新疆阿拉山口岸。这一来,它的运行时间就由原先的89小时一下子缩短到63小时,节省了26小时的物流时间,全程运行时间缩短了1天多。

对中国来说,从郑州通往世界的这条国际铁路物流大通道开通后,郑州成为我国中部、西北、华北、东北地区货物的主要集散地和中转站,通过进一步发展,它的货源辐射范围还将超过全国半数省、直辖市,集货半径超过1500千米,甚至可以辐射到半径2000千米的地域,影响长三角、珠三角、环渤海经济圈以及东北老工业基地,具有重要的意义。

2016年11月18日上午,郑州汽车整车进口专列接车仪式在郑州陆港口岸举行。这是我国中欧班列载运进口汽车货值最大、数量最多的一班返程班列。(视觉中国供稿)

不，这还不止呢。郑欧班列的集货范围已经覆盖到韩国。从韩国起运的过境中转货物经过连云港，被运输到郑州铁路口岸，再从郑州铁路口岸通过郑欧班列出境，被运到欧洲目的地。这为郑州国际陆港建立海运、铁路、航空、公路多式联运业务渠道打下了坚实基础。此外，郑欧班列已经正式承接韩国、日本及中国香港、中国台湾等集装箱过境中转业务，实现过境中转实质性突破，为这些国家和地区的货源运往中亚、西亚和欧洲建立了一个很好的平台。

这个项目实在太重要了。2015年，郑欧班列已正式更名为中欧班列，在亚欧大陆桥的建设中扮演着重要角色。

布拉格

布拉格是捷克的首都，是全国最大的经济中心，也是中欧南部的交通枢纽，可以连接捷克、斯洛伐克全境，以及奥地利、德国南部等国家和地区，位置十分重要。

布拉格这个名字的意思是"门槛"。有人说，伏尔塔瓦河在这里流过一个暗礁，水流十分湍急，酷似越过一个门槛，这座城市因而得名。

汉堡，不是汉堡包

孩子们，你知道汉堡吗？

没准儿许多孩子都举手抢着回答："我知道！我知道！"

孩子们，你真的知道汉堡吗？

没准儿许多孩子都会说："谁不知道呀！我最喜欢吃汉堡包。"

呵呵，笑破肚皮啦。

汉堡，不是汉堡包。

汉堡市政厅位于德国汉堡市风光秀丽的内阿尔斯特湖边，是汉堡著名的景点之一。（视觉中国供稿）

汉堡这个名字的意思是"丛林中的要塞"。古时候，查理曼帝国的查理大帝曾经在这里修筑要塞，这里被叫作汉马堡，这和汉堡包压根儿就是两码事。

汉堡是德国的一个大城市，不仅有许许多多的房子和人，还有许多火车、轮船、飞机、大桥和小桥。谁能像吃汉堡包一样，张开嘴巴咬几口就将它吃进肚皮里？

噢，原来这个汉堡是一个城市的名字，压根儿就不是肯德基餐厅里的夹馅汉堡包。

汉堡在德国北部，位于易北河下游与阿尔斯特河汇合处。它的前面不远就是北海和波罗的海。

汉堡是德国最大的海港，也是全国第二大城市，有着非常悠久的历史。

这里还是音乐家门德尔松和勃拉姆斯的故乡，有许多剧院、博物馆，是一座文化古城。

汉堡包里夹着牛肉、洋葱、蔬菜、番茄片、酸黄瓜。那么汉堡里夹着些什么呢？

汉堡是"北方的威尼斯"，城内有许多湖泊、岛屿，以及上百条纵横交错的大小河流和运河，密密麻麻的河道网遍布市区。

汉堡市内有2000多座各种各样的大桥、小桥，是有名的"世界桥城"呢。

汉堡是德国最大的港口，也是通往世界的特大海港，这里当然有许多大船和小船，以及来自四面八方的远洋巨轮啰。

我们熟悉的"空中客车"民航飞机，就是这儿制造的。汉堡是全世界第二大飞机制造中心，仅次于波音飞

汉堡大学

汉堡大学位于德国汉堡市，是德国最大的大学之一，在海洋和气候研究方面有着得天独厚的优势和很强的实力。

新亚欧大陆桥经济走廊

机生产地美国西雅图。这里还是欧洲重要的航空港之一,每天从这里来来去去的飞机,多得数也数不清。

此外,汉堡还是欧洲的一个铁路交通枢纽。从中国来的郑欧班列,运载着许许多多集装箱,跨过漫长的亚欧大陆桥,不远万里到达这里。

请问,这儿的火车、轮船、飞机、桥梁还会少吗?

原来,汉堡是这么一种特殊的"夹"着火车、轮船、飞机、桥梁的"汉堡包"呀!

汉堡港是世界大港,被誉为"德国通往世界的大门"。世界各地的远洋轮船来德国时,都会在汉堡港停泊。(视觉中国供稿)

杜伊斯堡

杜伊斯堡是德国莱茵-鲁尔区的重要工业城市,也是全国钢铁工业的中心。它位于鲁尔河流进莱茵河的地方,是欧洲最大的内河港。煤、铁矿石、石油、建筑材料等物资,就在这里进出,支持鲁尔工业区建设。郑欧班列延伸到这里,将中国和鲁尔工业区紧密联系起来。

杜伊斯堡这个名字的意思是"小山上的城堡"。古时候,一个王朝曾经在这里修建一座城堡,因此它还是一个历史文化名城呢。

杜伊斯堡鸟瞰(视觉中国供稿)

中欧陆海快线的消息

位于欧洲东南部的巴尔干半岛是南欧三大半岛之一，历来就是西亚进入欧洲、欧洲通往西亚和北非的陆上走廊。这里有希腊、马其顿、阿尔巴尼亚、塞尔维亚、黑山、波斯尼亚和黑塞哥维那、克罗地亚、斯洛文尼亚、保加利亚、罗马尼亚等许多国家，再加上北边的匈牙利，好像一个拥挤的大家庭。欧洲和西亚的许多强国你来我往，历史上，这里发生过许多冲突和战争，数也数不清。这

比雷埃夫斯港是希腊首都雅典的外港，是全国重要的港口和海军基地，也是中欧陆海快线的起点。（视觉中国供稿）

里涉及周围许多大国的利益，情况非常复杂。第一次世界大战，就是由一个塞尔维亚青年在这里的萨拉热窝刺杀奥匈帝国皇储而引起的，因此这里被称为"巴尔干火药桶"。

巴尔干半岛不仅是多事的地区，而且远离欧洲中心，地理位置闭塞。在不大的区域内，主权国家太多，多多少少形成一些隔阂，所以互相之间的交通也相对比较落后。在新形势下，加速发展交通，带动整个地区经济发展，显得非常迫切。

2014年12月17日，中国国务院总理李克强在塞尔维亚首都贝尔格莱德会见塞尔维亚总理武契奇（时任）、匈牙利总理欧尔班和马其顿总理格鲁埃夫斯基（时任），商讨经济发展。大家一致同意，共同打造一条中欧陆海快线，充分利用地中海的传统海运条件，进一步发展巴尔干半岛的铁路网，建立一条从地中海直通欧洲腹地匈牙利的陆海联运交通网络，降低运输成本，带动沿线各国经济迅速起飞。

中国、匈牙利、塞尔维亚三国总理友好磋商后，共同签署合作建设匈塞铁路谅解备忘录，为中欧陆海快线的建设奠定了基础。

请注意，这里说的"中欧"，不是欧洲中部，而是中国和欧洲。中欧陆海快线通过海上、陆地运输相互连接，是一条崭新的陆海联运通道。

匈塞铁路是中欧陆海快线的基础，中欧陆海快线是匈塞铁路的延长和进一步升级。根据计划，这条中欧陆海快线将从南向北，穿过巴尔干半岛许多国家，从爱琴

海畔号称"地中海明珠"的希腊比雷埃夫斯港开始,经过希腊、马其顿、塞尔维亚三国,直达位于欧洲腹地的匈牙利首都布达佩斯,从而搭起一座从地中海之滨到中欧的快速桥梁,真是再好不过了。

中欧陆海快线这条跨国铁路完成后,来自中国和其他地区的货物就可以被快速运往沿途各国和终点站布达佩斯。匈牙利和巴尔干半岛各国以及中欧、东南欧各国的货物,也可以被顺利运送到中国和东方各国。根据计算,与传统的路线相比较,这条便捷的水陆通道的航期至少可以缩短 7 到 10 天。这将大大节约成本,真正做到开放包容、互利共赢,对中国、匈牙利和巴尔干半岛各国,都有很大的意义。

渔人堡位于匈牙利布达佩斯多瑙河河畔,站在这里可以鸟瞰布达佩斯全城的美丽风光。(视觉中国供稿)

西方文明的摇篮——希腊

希腊、希腊,西方文明的摇篮。早在公元前31世纪,这里就出现了古老的青铜文化。从那以后,一步步展开往后的历史。从公元前8世纪到公元前4世纪,古希腊进入了以雅典和斯巴达为代表的城邦时代。许许多多关于雅典文明的故事,都被写进了厚厚的历史书。

你听,苏格拉底、柏拉图、亚里士多德……一个个光辉的名字,好像灿烂的群星,闪烁在人类文明历史长河的源头。他们那充满睿智的思想和声音,似乎还在我们的耳畔回响。

你看,一座座古希腊神庙、王宫、剧院、竞技场,至今还保存在世间,供人们凭吊观赏。广受人们喜爱的

雅典卫城是古希腊文化古迹,在今雅典西南部,是古希腊时期最高建筑艺术的代表。(视觉中国供稿)

奥林匹克运动会，也是在古希腊诞生的呀！

1000年过去了，2000年过去了，3000年、4000年、5000多年统统随着流逝的时光过去了。希腊，还是那个古老的希腊。面对这里许许多多珍贵的文明遗迹，人们不由得发出惊叹。

请问，想听神奇的古希腊神话故事，你会不想起古老的希腊吗？

请问，你不想到那儿去，看一看著名的宙斯神庙、太阳神塑像，还有许许多多文物吗？

请问，想看一场奥林匹克运动会的比赛，你能不联想起奥林匹克运动发源地希腊吗？

请问、请问……还有许许多多关于希腊的问题。你能不向往希腊吗？

2016年4月21日，里约奥运会奥运圣火采集仪式在希腊古奥林匹亚竞技场举行。（视觉中国供稿）

呜呜呜，轮船汽笛拉响了。一艘艘运送许许多多集装箱的巨大货轮，从遥远的中国开进希腊的港口。

呜呜呜，高速列车的汽笛也拉响了。一列列运送东方货物和友谊的列车，就要开出希腊的车站，驶向广阔的欧洲腹地。

崭新的中欧陆海快线在希腊的怀抱里铺开，在世界舞台上一展新姿。

希腊

希腊共和国位于巴尔干半岛的最南端，西南濒地中海，东临爱琴海。全国面积约13.2万平方千米，人口约1079万，首都是文明古城雅典。

希腊这个名字的意思是"希伦人居住的地方"。希伦人就是最早生活在这里的爱琴海地区的居民。

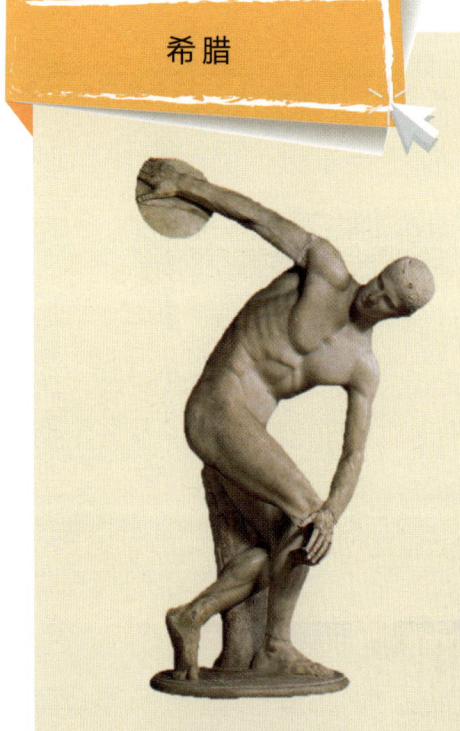

古希腊雕塑《掷铁饼者》

爱琴海，不是"爱情海"

世界上有许多许多海，一下子说不完。其中一些海藏在陆地夹缝或者边缘，人们很难一个个记清楚。

爱琴海却是一个例外，它在人们心目中的知名度非常高。说起这个海，很多人都知道。

咦，这是为什么？

不消说，是由于这个名字的谐音吧。

闭着眼睛听，爱琴海，不就是"爱情海"吗？难怪很多活动主办方动不动就把到爱琴海旅游作为对情侣的奖励。其实这个"爱琴"和那个"爱情"八竿子也打不

爱琴海上的圣托里尼岛，别名锡拉岛，位于基克拉泽斯群岛的最南端，是众多游客心中的浪漫之地。（视觉中国供稿）

克里特岛位于希腊南端，是爱琴海中最大的岛屿，有"海上花园"之称。（视觉中国供稿）

到一起，只是一种谐音。

事实上，爱琴海这个名字本来的意思是"波浪"，和"爱情"没有一丁点儿关系。"爱情"必须经受"波浪"的折腾吗？谁也不愿意。

爱琴海为什么很有名？

旅行社的导游会告诉你，那儿的风景特别好呀！看腻了新马泰的海滨浴场、马尔代夫的水上小木屋，不妨来一次长途飞行，去看看特殊的爱琴海风光。

爱琴海是世界著名的旅游胜地，和我们熟悉的东南亚海边景色大不一样。

和马尔代夫那些低平的珊瑚礁不一样，这里高耸着一座座岩石、岛屿，有在别处没法感受的许多特殊景色。

信不信由你，在这里除了看海上日出日落、追逐潮起潮落、泡一泡海水，还能瞧见一排排荷兰式的海滨风车呢！晃眼一看，似乎真的到了西欧那个有名的低地国家——荷兰。

爱琴海为什么这么有名？

历史考古学家说，这里有许多古老的文化遗址。人们只知道古希腊是西方文明的摇篮，却很少有人知道，爱琴海是古希腊文明的摇篮。大约公元前3000年，这儿就进入了青铜时代。爱琴海，才是西方文明真正的摇篮。

话说到这儿，让我们再回头说一说爱琴海本身吧。

爱琴海在哪儿？

爱琴海是东地中海上的一个大陆边缘海。一串串排列得非常整齐的岛链，把它和广阔的地中海隔开。朝四周放眼一看，到处是大大小小的岛屿，数也数不清。

爱琴海面积大约有21.4万平方千米，平均深度约为570米。这里大约有2500个岛，可以划分为7个小群岛，所以又叫"多岛海"。

仔细一看，这些岛屿排列得非常整齐，从巴尔干半岛延伸出来，好像一列列不沉的战舰，和东边小亚细亚半岛边缘的许多岛屿对峙着。这不由得使人回想起往昔发生在这里的一段段你来我往跨海作战的历史。

这些岛链真的是战舰的化石和神话的结晶吗？

当然不是。

地质学家认为，这些岛链就是陆地上山脉的延伸。这里是东地中海的一个巨大的断裂带，常常发生地震，有许多火山。《圣经》和神话传说中一些奇异的现象，记述的其实就是这儿的地震和火山爆发的事件。

爱琴海上的岛屿和希腊半岛一样，海岸线非常曲折，生成了许多优良的港湾，自古以来就是出海的基地，留下许多航海的神话故事。请你翻查一下古希腊神话，其中就有不少来自爱琴海呢。

拥有这么多港湾和悠久的航海传统的爱琴海，在丝绸之路经济带和21世纪海上丝绸之路中，有着非常重要的作用。

亚得里亚海

亚得里亚海在亚平宁半岛和巴尔干半岛之间，南北长约800千米，东西宽95—225千米，是地中海的一个大海湾。它的沿岸有意大利、斯洛文尼亚、克罗地亚、波斯尼亚和黑塞哥维那、黑山、阿尔巴尼亚等国家。意大利的威尼斯、的里雅斯特、安科纳、巴里，克罗地亚的斯普利特、里耶卡，黑山的巴尔，阿尔巴尼亚的都拉斯等，都是这里的重要港口。

亚得里亚海是世界上最早开展航海活动的地区之一。大旅行家马可·波罗到中国和东方的航行就是从这里开始的。

亚得里亚海滨风光（视觉中国供稿）

航行前方，比雷埃夫斯港

中欧陆海快线从遥远的中国起航，经过迢迢南海、马六甲海峡、印度洋、红海、苏伊士运河，进入地中海以后，运送来的成堆的集装箱在哪儿上岸，然后通过铁路继续前进，直达最终的中欧腹地？

比雷埃夫斯港。

比雷埃夫斯港在哪儿？

这个港口位于希腊东南部，历来就是首都雅典的外港。想一想，作为海洋文明起源地之一的雅典有多么古老，比雷埃夫斯港的历史就有多么悠久。

这里是希腊最大的港口。

这里是希腊的造船工业中心，也是一个重要的商业港口。

这里是全球五十大集装箱港口之一。

这里是地中海东部地区最大的集装箱港口。

这里是欧洲十大集装箱码头之一。

这里是距离苏伊士运河最近的欧洲联盟港口。

得了，有了这么多的"最"，我们就对这个陌生的海港有了一些基本的了解。

中欧陆海快线上，一艘艘满载着集装箱的货轮穿过万里波涛驶来，最好在哪儿卸货，然后装上列车继续前进？

希腊比雷埃夫斯港是希腊最大的集装箱码头，在"一带一路"规划中具有重要意义。（视觉中国供稿）

毫无疑问，第一选择就是人们有些陌生的这个比雷埃夫斯港。

比雷埃夫斯这个名字的意思是"渡过""对面"，本来就包含着"港口"的含义。

古希腊人要从这儿"渡过"什么海？

当然是面前的地中海。

从这儿出海的船，打算到"对面"的什么地方？

当然是大海"对面"的埃及和西亚啰。

2008年，希腊准备转让这个港口的一部分经营权。中国远洋运输（集团）总公司在招标中获得成功，获得这个港内两个集装箱码头35年的特许经营权。

2008年11月25日，中希两国在雅典签署了一系列友好合作的协议，有关比雷埃夫斯港集装箱码头的项目也包括在内。中国"中远集团"投入大量资金，要把这个港口打造成地中海最大、增长最快的港口之一。这一项目被视为希腊近几年最成功的私有化案例之一。

2014年6月19日，中希双方就进一步推进中希关系发展，拓展务实合作深入交换意见，达成广泛共识。两国总理共同见证了双边文化、经贸、投资、海洋、防灾、基础设施建设等领域合作文件的签署。

俗话说，好事多磨。2015年1月，希腊组建新内阁后，对原来的协议有一些新的看法。随后，中国国务院总理李克强和希腊总理齐普拉斯在电话中进行友好交谈。齐普拉斯承诺对这个两国合作的"龙头"项目给予更多重视和支持，表示希腊正处在重振和发展经济的重要阶段，需要中国的支持和帮助。希腊愿意和中国扩大海运、基础设施建设等各个方面的合作。

不久，中国海军第十八批护航编队来到这个港口，正式进行友好访问。

2016年，希腊批准将比雷埃夫斯港务局67%的股权出售给中国"中远集团"，这就使该港的私有化又往前迈进了一大步。

中欧陆海快线把海陆联运的枢纽站定在比雷埃夫斯港。这样一来，它的名字中"渡过""对面"的含义就更加广阔了。

人们从这里"渡过"的不仅是面前的地中海，还一直延伸到印度洋和太平洋。

它的"对面"不仅是北非和西亚海岸，还有古老而又崭新的中国。

好呀，希腊和中国，两个古文明摇篮，两个新时代蓬勃发展的国家，站在各自"对面"，通过中欧陆海快线"渡过"海洋，比雷埃夫斯港的作用可不小呢。

除了比雷埃夫斯港，希腊还有许多优良的港口。

和别的一些欧洲大国相比，希腊的国土面积虽然不算太大，可是它的海岸线弯弯曲曲的，加上数千个岛屿，所以海岸线很长，约1.37万千米。

这么长的海岸线上，几乎全是坚硬的岩石海岸，还有数不清的大大小小港湾。

这些港湾，除了最有名的比雷埃夫斯港，还有其他著名的港口，比如历史悠久的塞萨洛尼基港。塞萨洛尼基港位于希腊北部，距离马其顿不远，历来是整个巴尔干半岛的主要出海口。

塞萨洛尼基港的东边，距离土耳其不远处，有一个

塞萨洛尼基建于公元前315年，濒临爱琴海塞尔迈湾，是希腊第二大城市和北部重要海港，也是海陆交通枢纽。（视觉中国供稿）

白塔是塞萨洛尼基的标志性建筑，位于海滨码头地区，是游客必到之处。（视觉中国供稿）

大岛掩护的卡瓦拉港。希腊半岛中部还有一个沃格斯港，它深藏在一个弧形大海湾里。

希腊半岛与最南边的伯罗奔尼撒半岛之间的科林西亚湾出口处，还有一个帕特雷港。

除了希腊半岛，爱琴海上的无数岛屿也有许多良港。克里特岛的门户伊拉克利翁港，锡罗斯岛上的埃尔穆波利斯港，就是其中的佼佼者。

希腊有这么多优良港口，难怪古时孕育出灿烂的海洋文明，在新的时代里也必将大放光彩。

马其顿和塞尔维亚

马其顿,中欧陆海快线经过的一个国家。

马其顿,一个威名赫赫的名字。很早很早以前,从西方到东方,人们听到这个名字,都会吓得全身颤抖,俯伏在地上,不敢抬头仰望一眼。

马其顿这个名字,来源于古代一个剽悍的部落,遥远得不可追忆。

马其顿,往昔一个古老的帝国。它虽然昙花一现,但是曾经和许多强大的帝国齐名,甚至征服过这些国家。

马其顿的赫赫名声出现在公元前4世纪,大约相当于中国的战国时代。那时候,年仅20岁的亚历山大大帝登上宝座,首先征服身边的古希腊各个城邦。接着他以复仇为名,亲自率领大军,跨过亚欧大陆之间的希里帕(今达达尼尔海峡),打垮了不可一世的东方波斯帝国。由骑兵、步兵、象兵组成的波斯大军一碰就垮,波斯的王太后被俘,波斯国王大流士三世被追赶得东奔西逃。经过十年征战,亚历山大大帝先后征服了波斯、埃及、小亚细亚、两河流域许多国家,攻占巴比伦等一连串地方。他在埃及的尼罗河流进地中海的河口附近,修建了一座以自己名字命名的亚历山大城,这里一直保存到今天。

向东!向东!亚历山大大帝率领着所向无敌的大军,横扫辽阔的大陆,一直向东进入印度半岛,到达印度河和恒河边饮马。他把首都搬到"万城之城"巴比伦,建起地跨亚欧非三大洲的亚历山大帝国(这是对马其顿王国一个时期的称呼)。除了后来的一代天骄成吉思汗,古往今来几乎没有任何大帝和国家曾经这样显赫过。直到公元前 323 年的夏天,亚历山大大帝突然患恶性疟疾,发病 10 天后就闭上了眼睛,年仅 33 岁。他死后,快速建立起来的庞大帝国迅速土崩瓦解,好像一颗闪闪发光

马其顿西南部城市奥赫里德,坐落在奥赫里德湖东北岸,是一座景色秀丽、气候宜人的古城,被列入《世界遗产名录》。(视觉中国供稿)

的彗星，从空中掠过，一瞬间照亮了远古的历史。

亚历山大东征是一次掠夺性的远征。他的皮鞭和刀斧残酷屠杀了各国各族无数群众，破坏了许多文明。可是这也打破了从前互不往来的许多土围子，促进了政治、经济、科学以及思想文化等方面的交流，大大扩宽了人们的视野，对后世发展有很大的作用。

今天的马其顿共和国是南斯拉夫社会主义联邦共和国解体后，独立出来的一个新兴国家，由上马其顿、下马其顿两个地区组成。上马其顿是地势封闭的高原山区，矿产资源丰富，煤和铜矿的储量比较多。下马其顿是土地肥沃的农业地带。全国面积约2.57万平方千米，人口约210万，首都是斯科普里。

有人说，斯科普里这个名字来自希腊语，后来又转化为土耳其语，意思是"展望"。

这个名字太好了！包括亚历山大大帝在内，过去的，统统过去了。马其顿无须留恋过去，需要挺身抬头展望，光明就在不远的前方。

是啊，从前这里是南斯拉夫境内最贫穷的地区之一，独立后，经济也长期停滞，曾是欧洲最贫穷的国家之一。这些年来逐渐恢复，已经有很大的转变。中欧陆海快线建成后，给这里带来了无限机会，必将大大地促进这里的发展。

塞尔维亚共和国在马其顿的北边，是中欧陆海快线经过的另一个国家，也是原来的南斯拉夫的成员国。它的首都贝尔格莱德，也就是当时南斯拉夫各个成员国的共同首都。塞尔维亚全国面积约8.83万平方千米，全国山多平原少，矿产很丰富。

塞尔维亚这个名字，来自居住在当地的塞尔维亚人。塞尔维亚有着非常悠久的历史。

贝尔格莱德这个名字的意思是"白色的城市"。因为城内的白色房屋很多，所以它叫作这个名字。想一想，周围的碧绿山谷重重叠叠，市内的绿树浓荫掩映，一幢幢雪白的建筑物在其中多么显眼，这真是一座非常美丽的城市。

塞尔维亚正好坐落在巴尔干半岛的中心，周围有八个国家。它是西欧、中欧和东欧通往西亚的交叉路口，地理位置非常重要。

塞尔维亚曾经在历史上一次次团结巴尔干半岛各国和地区，反抗外来强敌的欺凌。特别是在第二次世界大战期间，在铁托的领导下，这里组织起南斯拉夫民族解放军，英勇反抗德国法西斯，建立南斯拉夫社会主义联邦共和国，留下许多可歌可泣的英雄事迹，受到全世界人民的尊敬。

还记得《瓦尔特保卫萨拉热窝》《桥》《逃离索比堡》《黎明前到达》《南方铁路之战》等激动人心的南斯拉夫战争片吗？战火纷飞的画面还没有完全消逝，慷慨激昂的歌声还在耳畔回响。南斯拉夫就是这样，塞尔维亚就是这样，它们丝毫不亚于亚历山大大帝所建立的不朽功勋。

噢，让我们回过头来，重新审视这儿的特殊地理位置吧。

作为巴尔干半岛"心脏"的塞尔维亚，在当前的发

展中，还处于整个半岛的龙头地位，正在大踏步前进。

　　不消说，塞尔维亚的首都贝尔格莱德又是重中之重，被称为"巴尔干之钥"。塞尔维亚这个"心脏"里的这把"钥匙"，就是打开巴尔干半岛，以及中欧、东欧和邻近的西亚的一把"金钥匙"。中欧陆海快线经过这里，贝尔格莱德正好位于整条铁路的中间点，它一定会进一步发挥自身的地理优势，带动整个地区走向繁荣。

　　马其顿、塞尔维亚，一个有着古时的辉煌，一个是今日的光辉榜样，在新的时代中，必将携起手来，重新焕发青春，谱写出崭新的乐章。

　　贝尔格莱德是塞尔维亚的首都，坐落在多瑙河与萨瓦河交汇处，是多瑙河和巴尔干半岛的水陆交通要道。（视觉中国供稿）

巴尔干半岛各国

　　巴尔干半岛是南欧三大半岛中最大的一个。它位于欧洲东南部，北边以多瑙河、萨瓦河一线为界，西边是亚得里亚海，东边是黑海，南边是地中海东部的爱琴海和伊奥尼亚海。

　　巴尔干半岛位于亚欧非三大陆之间，是联系亚欧的跳板，地理位置非常重要。整个半岛上几乎到处是山。在土耳其语里，巴尔干这个名字的意思就是"多山"。

　　这儿除了中欧陆海快线沿线的希腊、马其顿、塞尔维亚三国，还有黑山、阿尔巴尼亚、波斯尼亚和黑塞哥维那、克罗地亚、斯洛文尼亚、罗马尼亚、保加利亚等许多国家，以及土耳其的一部分地区。

　　历史上，这里曾经是土耳其和欧洲列强争夺的地方。巴尔干半岛南部曾经长期被强大的奥斯曼帝国统治，半岛北部也曾经长期被奥匈帝国占领，加上俄罗斯插手，民族纠纷也很多，经常发生战争，各国边界变化很大，所以这里叫作"巴尔干火药桶"。

　　其中，希腊位于地中海边。斯洛文尼亚、克罗地亚、阿尔巴尼亚、波斯尼亚和黑塞哥维那、黑山位于亚得里亚海边。罗马尼亚、保加利亚位于黑海边。马其顿、塞尔维亚都是内陆国，得通过别的国家的港口出海。

　　黑山全国面积约1.38万平方千米，人口约63万，首都是波德戈里察。黑山又名门的内哥罗，这个名字来源于境内的洛夫琴山，因为山高林密而得名。

阿尔巴尼亚共和国全国面积约 2.87 万平方千米，人口约 288 万，首都是地拉那。阿尔巴尼亚这个名字的意思是"山国"，它号称"山鹰之国"。另一个说法认为，这个名字来源于最早的阿尔本部落。

波斯尼亚和黑塞哥维那全国面积约 5.12 万平方千米，人口约 382 万，首都是萨拉热窝。波斯尼亚这个词的意思是"寒冷"，黑塞哥维那这个词的意思是"公爵"。这里的煤、铁等矿产资源丰富，食用盐储量位居欧洲第一。

1914 年，奥匈帝国皇储斐迪南大公就是在这里被刺

克罗地亚普利特维采湖群由 16 条互相连接的瀑布组成，地处喀斯特地貌区，有"欧洲九寨沟"之称。（视觉中国供稿）

布拉奇岛是克罗地亚亚得里亚海沿岸岛屿，北距斯普利特15千米。浑然天成的尖角海滩独具特色。（视觉中国供稿）

杀的，引发了第一次世界大战。激烈的萨拉热窝保卫战，也是第二次世界大战中反抗法西斯的一个著名战役。

克罗地亚共和国全国面积约5.66万平方千米，人口约424万，首都是萨格勒布。克罗地亚这个名字的意思是"山冈之人"，体现了当地民族的特点。这里的斯普利特港位于亚得里亚海边，是整个巴尔干半岛西部的主要出海口。

克罗地亚境内有许多地质地貌景观奇迹。这里遍布石灰岩的喀斯特高原，有许多典型的石灰岩溶蚀地貌，所以人们就把世界上的这种地貌景观，统统称为喀斯特地貌。

亚得里亚海边，由于陆地上的山岭、海上的岛屿链和海岸相互平行，形成一种特殊的海岸类型，人们根据这儿的地理区域，把它叫作达尔马提亚海岸。

发达的喀斯特地貌和奇特的达尔马提亚海岸，形成罕见的地貌奇观，蕴藏着丰富的旅游资源。

信不信由你，一种说法认为，大名鼎鼎的古代旅行家马可·波罗出生在克罗地亚的考尔楚拉岛，应该是克罗地亚人。因为当时这里属于威尼斯统治，马可·波罗的游记是用意大利语写的，所以才传说他是威尼斯人或者意大利人。

斯洛文尼亚共和国全国面积约 2.03 万平方千米，人口约 206 万，首都是卢布尔雅那。斯洛文尼亚这个名字，是由公元 6 世纪迁移到这儿的斯洛文尼亚人转变来的。

斯洛文尼亚紧靠着阿尔卑斯山脉南麓和亚平宁半岛，是最接近欧洲"心脏"的巴尔干半岛上的国家，经济、文化都很发达。

罗马尼亚全国面积约 23.84 万平方千米，人口约 2222 万，首都是布加勒斯特。罗马尼亚这个名字的意思是"罗马人的国家"。

罗马尼亚坐落在从中欧伸展来的喀尔巴阡山余脉。从中欧而来的多瑙河，蜿蜒流经这里，流进黑海边的巨大三角洲平原上。这儿的石油蕴藏量十分丰富，是欧洲大陆名副其实的"油库"和巴尔干半岛的"粮仓"。黑海边的康斯坦察就是罗马尼亚以及整个巴尔干半岛东部出口货物最主要的出海港口。

保加利亚共和国全国面积约 11.1 万平方千米，人口约 718 万，首都是索非亚，主要港口是瓦尔纳。有人说，保加利亚这个名字的意思是"反抗者"，体现出古时候当

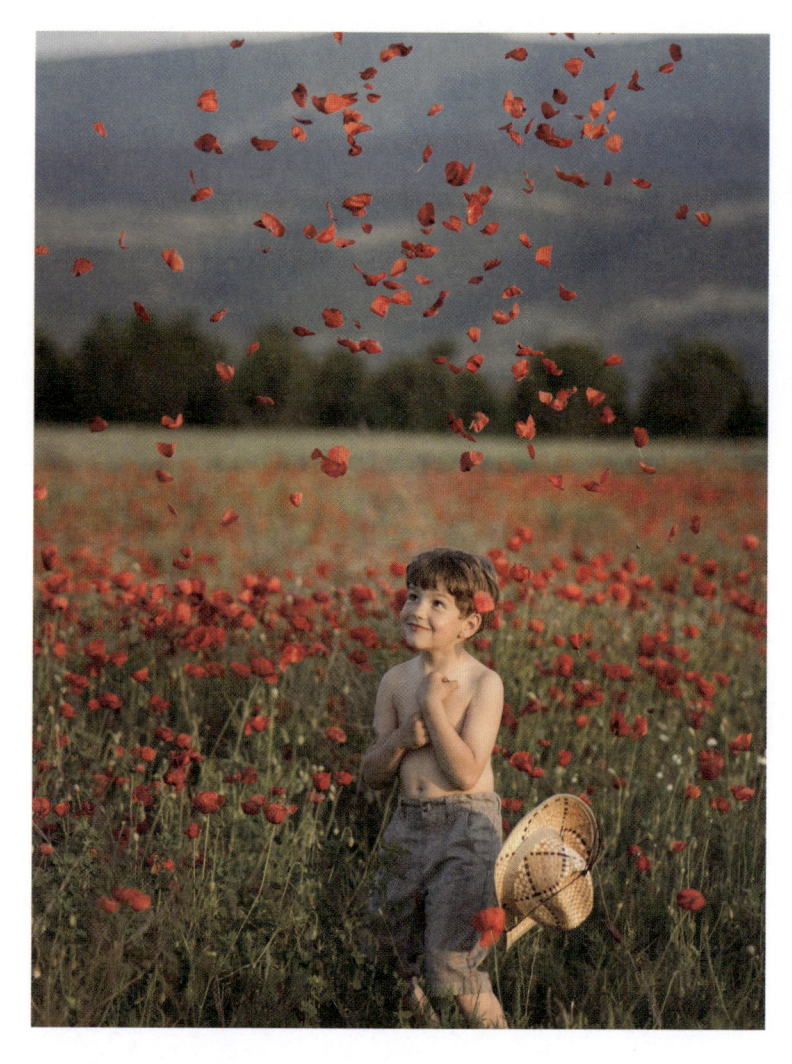

保加利亚盛产玫瑰，有300多年的玫瑰油生产历史。保加利亚将每年6月第一个星期天定为"玫瑰节"，在卡赞勒克举行庆祝活动。（视觉中国供稿）

地居民对抗外来侵略者不屈的斗争精神。

保加利亚是一个香喷喷的国家，还有一个别名叫"玫瑰之国"。这儿有名的"玫瑰谷"是世界上最著名的玫瑰园。从17世纪开始，保加利亚玫瑰就闻名世界，远渡重洋行销海外。保加利亚的玫瑰油产量占全世界总产量的40%，受到人们的普遍欢迎。

好兄弟，匈牙利

匈牙利，咱们的好兄弟。

匈牙利总理欧尔班曾公开说："匈牙利民族来自东方。毫无疑问，我们的祖先来自亚洲。欧洲人认为我们是匈奴的后代。虽然还没有确凿的史料证据，但我们相信这是真的。比如我们的家庭观念也非常浓重，我们的姓名也是姓在前，名在后……中国将会在欧洲发挥重大作用，会为匈中和欧中关系带来巨大益处。"

是啊，匈牙利人，匈奴人，蒙古人种，中国人……这不就是一条血缘链吗？

匈牙利人的祖先来自东方的一个神秘游牧部落，这就是中国历史记载的马札尔人。这样看起来，遥远的中国很早就和他们有关系。

历史学家认为，公元7世纪时，马札尔人从乌拉尔山脉西麓和伏尔加河一带慢慢向南迁徙，寻找新的牧场。公元896年，他们来到水草丰盛的多瑙河盆地，就在这里定居下来，再也不往前走了。之后他们在这里一步步发展起来，公元1000年时，伊斯特万大公正式加冕，成为匈牙利第一位国王。匈牙利就正式成为一个国家，从此一天天昌盛起来，特别是在第一次世界大战前夕的奥匈帝国时期，成为欧洲最强盛的国家之一。

匈牙利这个名字的意思是"十个部落"，也表现出从

布达佩斯

布达佩斯是匈牙利的首都，由分布在多瑙河两岸的老城布达和新城佩斯组合而成。这里是多瑙河从全国中部山区进入大平原的地方，也是中欧的一个中心城市，位置十分重要。

前游牧时代的特点。

马札尔人不是真正的匈奴人，却与匈奴有一些血缘关系。虽然他们南迁时的出发点在乌拉尔山脉以西、欧洲的最东边，但是在此之前，他们是从乌拉尔山脉以东迁移过来的，他们的根还是在亚洲，和蒙古人种有密切关系，匈牙利人可以算我们的远房兄弟。要不，匈牙利总理怎么会这样说呢？

匈牙利，美丽富饶的中欧国家。

匈牙利坐落在阿尔卑斯山脉和喀尔巴阡山脉之间的多瑙河中游平原上。全国面积约9.3万平方千米，人口约988万。

这里是欧洲中部难得的一片内陆平原。多瑙河从斯洛伐克南部山区流来，好像一把快刀，把匈牙利分成东、西两部分。这里平原面积宽广，有大片大片草原环境生成的肥沃黑土，是种庄稼的好地方，历来就是欧洲中部重要的"粮仓"。

是啊，是啊，抓一把这儿带着草根的黑黝黝泥土，似乎可以挤出一滴滴油汁呢！

这可是欧洲中心地带最肥沃的土地，甭说古时候在这里放牛、羊、马，就算现在在这里开着拖拉机种庄稼，情势都好得不得了。难怪马札尔人一路从乌拉尔山脉向南方寻觅，走过伏尔加河草原、顿河草原都没有停下脚步，走到这儿十分满意，便扎根留下来，再也不往前走了。

信不信由你，匈牙利不仅有一片肥美的大平原，还隐藏着一个水汪汪的"内海"呢！

喔，什么？你说什么？在这四面八方距离海洋都很

奥匈帝国

奥匈帝国是1867年根据奥地利和匈牙利的统治阶级间的协议，在奥地利帝国基础上建立的一个二元帝国。第一次世界大战中，它和德国、土耳其、保加利亚等国结盟而成的同盟国战败。1918年，奥匈帝国解体。

远的欧洲"心脏",怎么会平白冒出一个"海"来?

嘻嘻,是骗人的童话故事吧?

是神话吧?

是梦话吧?

不,这不是童话、神话、梦话,是千真万确的事情。

你看,匈牙利西部,真的有一个四周看不见边的"海"呢。

这不是"海",而是一个大湖。这就是匈牙利人引以为傲的"自家的海"——辽阔的巴拉顿湖。

这个湖长 78 千米,最宽处有 15 千米,最窄处只有 1.5 千米,面积 596 平方千米,平均水深 3 米,最深的地方有 11 米。中间一个半岛把它一分为二,更加增添了情趣。站在湖边远远一望,真的望不见边呢。

布达佩斯是匈牙利首都,坐落在多瑙河畔。1872—1873 年,布达佩斯由多瑙河右岸的布达和左岸的佩斯合并而成。(视觉中国供稿)

巴拉顿湖是匈牙利最美妙的水"心脏",给匈牙利带来十足的底气和几分灵气。

匈牙利人自傲地说:"这是我们的海!"

是呀,是呀,这就是名副其实的"匈牙利海"。

请问,全世界的内陆国家中,还有谁这样自信?

匈牙利,中欧陆海快线的终点站。

从遥远的中国运送来的货物,经过万里迢迢的海运和陆上铁路,被运送到这里,欧洲的货物再被从原路运到东方,从而架起一座连接亚欧的"金桥",真是再好不过了。

不消说,这似乎也包含了匈牙利人的一些东方回忆。他们的远祖不也是从遥远东方来的吗?

从中国伸展来的中欧陆海快线,绝对不是冷冰冰、硬邦邦、简简单单的运输线,好像真的带着一股特别的温情呢。

匈牙利巴拉顿湖是欧洲中部最大的湖泊。它的北岸群山耸立,树木苍翠;南岸宽阔平坦,是良好的天然浴场。(视觉中国供稿)

瑞士、奥地利、捷克、斯洛伐克

瑞士联邦，面积约 4.13 万平方千米，人口约 839 万，首都是伯尔尼。

奥地利共和国，面积约 8.39 万平方千米，人口约 870 万，首都是维也纳。

捷克共和国，面积约 7.89 万平方千米，人口约 1057 万，首都是布拉格。

斯洛伐克共和国，面积约 4.9 万平方千米，人口约 540 万，首都是布拉迪斯拉发。

这四个国家位于中欧的中心地带，都是工业发达国家。美丽的瑞士号称"世界公园"，古老的奥地利是"音乐之邦"，有着特殊的文化意义。

瑞士国旗

奥地利国旗

捷克国旗

斯洛伐克国旗

古时，丝绸之路是以中国为始发点，向亚洲中部、西部及非洲、欧洲等地运送丝绸等物的交通要道。（视觉中国供稿）

路漫漫、时悠悠。几千年历史，几万里路途，时空两茫茫。

这边是东方汉、唐，那边是西土波斯、大食，各自雄踞一方。东西遥遥相望，几度说辉煌，至今尚在传唱。

丝绸之路曾经过，留下几多美好记忆、多少华丽乐章。历史早有记载，不用一一细讲。

往事越千年，如今再从头展望。携手友好这一国、那一邦，修建一条崭新的经济走廊，互利共赢，包容开放，走向灿烂前方。

中国—中亚—西亚经济走廊

ZHONGGUO
ZHONGYA
XIYA
JINGJIZOULANG

中国—中亚—西亚经济走廊

啊，中亚，亚洲大陆的腹心！

这岂不是古时广阔西域的一部分，曾经留下多少汉唐的足迹、多少难忘的传奇故事和诗篇？

啊，西亚，亚洲大陆的另一边！

这岂不是古代波斯、大食、阿拉伯、拜占庭，一代代强大帝国崛起的天边？它们各自显赫一时，雄霸一方。时光荏苒，2000年、1000年前，中国和西方握手，曾经在这里书写过无限辉煌的历史篇章。

啊，新兴的中国—中亚—西亚经济走廊！

千年时光过去，历史未曾被遗忘。这不就是古时候丝绸之路行经的路途吗？

谁说往者不可追，旧日故事不能重新演出？

"一带一路"中的中国—中亚—西亚经济走廊，岂不是古代丝绸之路的续篇？今日的梦想，比昨天更加灿烂辉煌，这是另一个充满瑰丽梦想的乐章。

这条走廊是怎么回事？

这条长长的经济走廊从中国新疆出发，中国境内部分和新亚欧大陆桥重叠。出境后，它一直往西，经过中亚的哈萨克斯坦、吉尔吉斯斯坦、塔吉克斯坦、乌兹别克斯坦、土库曼斯坦，直到西亚的伊朗、伊拉克等国，直达亚洲大陆最西边的土耳其，以及地中海东岸国家，

中国—中亚—西亚经济走廊

阿斯塔纳是哈萨克斯坦的首都，四季气候宜人，生态环境良好，是全国第二大金融中心、铁路交通枢纽。（视觉中国供稿）

霍尔果斯口岸位于新疆维吾尔自治区伊犁哈萨克自治州，是中国与中亚各国通商的重要口岸和西北最大的陆路通商口岸。（视觉中国供稿）

路途十分遥远，面积十分宽广。

这是一条历史悠久的道路。

仔细看看这条道路，路上遗留下多少历史的足迹、友好的记录。那么多、那么深厚，难以一一细讲。

这是一条资源丰富的道路。

从前人们在这条路上相互交换的是丝绸、香料和别的货物，现在运送的主要是石油、天然气，以及各种各样的矿产品、工业品。这条道路，古今面貌大不一样。

你看，中亚、西亚能源矿床举世无双，中国水电、交通、通信基础设施建设经验丰富。中国与中亚、西亚地区的国家相互交流支持，意义十分重大。

回顾过去，放眼未来，这条经济走廊的作用的确不寻常。

五个"斯坦",五朵金花

中亚地区有五个"斯坦",是五朵美丽的金花。

掰着手指数一数,它们就是哈萨克斯坦、乌兹别克斯坦、土库曼斯坦、吉尔吉斯斯坦、塔吉克斯坦。这是中亚的五朵金花,都是没有出海口的内陆国。它们不仅是古代丝绸之路上的重要地方,也是现代丝绸之路经济带的关键地区。

中亚是亚洲大陆的"心脏"。这五个"斯坦"中,最中间的乌兹别克斯坦就是"心脏"中心的"心脏",自古以来就是丝绸之路的重要枢纽。

乌兹别克斯坦共和国全国面积约44.74万平方千米,人口约3212万。

它的首都塔什干有约231万人,位于锡尔河流域内的一个河谷,是一个绿洲城市,也是中亚地区最大的城市。

撒马尔罕是乌兹别克斯坦的第二大城市,位于中国通往西亚各国和印度的交通要道上,是中亚地区最古老的城市之一。

撒马尔罕不仅是古代丝绸之路上的重镇,也是历代东西方帝国相互征战的地方。古往今来,这里不知演绎了多少友谊欢歌和铁马金戈的故事。

中亚地区的阿姆河、锡尔河,是乌兹别克斯坦这个亚洲"心脏"的两条主"血管",就像西亚伊拉克境内的幼发拉底河、底格里斯河，印度半岛的恒河、印度河。

阿姆河和锡尔河静静地流淌过乌兹别克斯坦，浇灌两岸的土地，哺育出肥沃的田野，也营造出中亚特有的"两河流域"。

乌兹别克斯坦是中亚地区最重要的"粮仓"和棉花"仓库"。

粮食就不用多说了，让我们来说一说棉花吧。

乌兹别克斯坦的棉花质量好、产量高，是世界闻名的"棉花国"。"白金"棉花、"乌金"石油、"蓝金"天然气和黄金是乌兹别克斯坦引以为傲的"四金"。在白、乌、蓝、黄"四金"中，棉花是历史最悠久、最有名气的一个。

乌兹别克斯坦依靠这灿亮的"四金"，是"独联体"中经济实力较强的国家。

撒马尔罕是乌兹别克斯坦的第二大城市，是中亚最古老的城市之一，附近有许多建于14至17世纪的清真寺、陵墓等古迹。（视觉中国供稿）

土库曼斯坦在乌兹别克斯坦的西南方，全国面积约49.12万平方千米，人口约700万，首都是阿什哈巴德。

这里除了盛产棉花和小麦，还有丰富的石油、天然气资源，天然气储量约占世界总储量的四分之一。

这里还有古时候号称"天马""汗血马"的阿哈尔捷金马。汉武帝为了得到这种"天马"，不惜发动一次次战争，可见它有多么珍贵。

土库曼斯坦是中亚国家，也是里海沿岸国家之一。它虽然是内陆国，没有出海口，可是它在里海和阿姆河上的客运和货运能力并不小。土库曼巴希是里海东岸的最大港口，也是整个中亚五国西部的对外门户。

乌兹别克斯坦、土库曼斯坦是平原国家，吉尔吉斯斯坦、塔吉克斯坦则是有名的高山国。

吉尔吉斯共和国全国面积约19.99万平方千米，人口约678万，首都是比什凯克。

吉尔吉斯斯坦位于天山西段和以南的山区，有一个亮晶晶的水"心脏"。

古时候，这个水"心脏"叫热海，现在叫作伊塞克湖。唐朝边塞诗人岑参在《热海行送崔侍御还京》一诗中，曾经描写过它。

伊塞克湖的面积仅次于南美洲的的喀喀湖，是世界第二大高山湖泊，它的深度却超过了的的喀喀湖。

唐玄奘在《大唐西域记》中曾经提过伊塞克湖，把它称为"大清池"。由此可见，这里是古代丝绸之路经过西域到达印度的必经之路。

顺便说一句，这里曾经是唐代安西都护府所在的地

伊塞克湖位于吉尔吉斯斯坦境内，属于内陆咸水湖，有"中亚明珠"之称，是中亚地区旅游疗养的胜地。（视觉中国供稿）

方。诗人李白的诞生地碎叶城，又叫素叶水城，就在今天吉尔吉斯斯坦北部的托克马克附近。

塔吉克斯坦共和国全国面积约 14.31 万平方千米，人口约 870 万，首都是杜尚别。

这里是从中国新疆喀什翻越帕米尔高原，前往阿富汗和印度的必经之路，也是古代丝绸之路上的一个重要地方。

中亚大地上的五个"斯坦"，五朵金花，我们说了四个，还剩下哈萨克斯坦没有介绍呢。由于它在丝绸之路经济带上的特殊地位，我们留在后面专门讲吧。

咸海

咸海算不上海,只是一个内陆咸水湖。它坐落在哈萨克斯坦和乌兹别克斯坦之间,水源主要依靠阿姆河和锡尔河补给。这里原本是一派水汪汪的,是亚洲腹地的一个水"心脏",也可以航运和捕鱼。

古时候,咸海和里海、黑海并称为"三海",是亚欧大陆内部的文明走廊。

可是20世纪60年代以来,人们盲目地扩大河流上游的棉花种植面积,将大量河水用于农业灌溉,咸海开始迅速萎缩,分为南咸海和北咸海两部分,南咸海再进一步分为东、西两部分,远远没法和从前相比。哈萨克斯坦和乌兹别克斯坦正在积极采取措施,阻止咸海继续萎缩,争取逐渐恢复它过去的面貌。

咸海上搁浅的船只(视觉中国供稿)

哈萨克斯坦，新亚欧大陆桥的第一个跳板

独立纪念碑位于哈萨克斯坦阿拉木图市中心的独立广场中央，象征着这片土地上坚强的国家政权。（视觉中国供稿）

哈萨克斯坦，人们听着这个名字似乎很熟悉，可是又不太熟悉。

是啊，从字面来看，哈萨克斯坦不就是"哈萨克人居住的地方"的意思吗？咱们的新疆、甘肃、青海等地也有哈萨克族，这是中华民族大家庭里友好和睦的兄弟。

哈萨克斯坦这个名字到底是什么意思？还有没有别的解释？

这一问，你又大张嘴巴了。

告诉你吧，哈萨克斯坦这个名字的另一个意思是"脱离者"，这和一段早已消逝的历史有关系。

原来哈萨克人是 15 世纪从乌兹别克汗国分离出来的一个民族，所以叫作"脱离者"。乌兹别克汗国是成吉思汗的子孙建立的，属于建立在东欧和中亚的庞大的钦察汗国的一部分。原来他们和蒙古族有关系，是庞大的蒙古族的一支，也就是咱们的亲戚呀！

喔，不仅是亲戚，咱们还曾经是同一个国家，称得上真正的一家人呢。它的一部分连同中亚其他一些地方

原来属于中国,在贪婪的沙皇俄国的魔掌下,腐败无能的清朝政府被迫接连签订了几个不平等条约,将这些地方割让出去。从这个角度来说,哈萨克斯坦也算是一个"脱离者"。

喔,过去的就让它过去吧,不用再提了。今天的哈萨克斯坦是我们的友好邻邦,这才是最重要的。

哈萨克斯坦不简单,有许多惊人的地理档案。

你知道吗?它是世界上内陆国家中的佼佼者。

说起内陆国,人们立刻会想起"世界花园"瑞士、"非洲屋脊"上的埃塞俄比亚、南美洲的巴拉圭、湄公河畔的老挝以及包括哈萨克斯坦在内的广阔中亚的许多国家。

请问,这些没有出海口的内陆国家中,谁的面积最大?

告诉你,哈萨克斯坦是世界上最大的内陆国。

哈萨克斯坦共和国全国面积约272.49万平方千米,人口约1793万。它不仅是世界上最大的内陆国,还是世界第九大国家呢。它真的是不显山不显水,说起来会吓人一跳。

请问,世界上有几个横跨两大洲的国家?

说起这个问题,人们必定会说,有俄罗斯、土耳其、埃及等国家呀!

告诉你吧,哈萨克斯坦也是横跨亚欧两大洲的国家。

这样一说,没准儿许多人都会不相信地瞪大眼睛问:"这是真的吗?"

当然是真的!

乌拉尔山脉和乌拉尔河是亚洲和欧洲的分界线。乌

阿拉木图

阿拉木图风光独特,是哈萨克斯坦第一大城市,也是整个中亚的金融、教育等中心。

拉尔山脉虽然距离哈萨克斯坦较远,乌拉尔河下游却穿过它的西部,在乌拉尔城入境,从阿特劳流进里海。

瞧,这岂不是哈萨克斯坦地跨亚欧两大洲的证据吗?

请问,哈萨克斯坦真的没有出海口吗?

这话对,也有些不对。

说这话对,是因为哈萨克斯坦的确在亚欧大陆的腹地,远离辽阔的世界大洋。

说这话不对,是因为哈萨克斯坦还挨着里海和咸海。它的境内还有巴尔喀什湖——中国古代曾经称之为"夷播海"。说哈萨克斯坦是"两海之国"甚至"三海之国",似乎都说得过去。

说起哈萨克斯坦,没准儿人们会联想起茫茫的荒凉沙漠,认为这里非常干旱,和河呀湖的水域沾不上边。

是的,这儿在亚洲大陆腹心,远离四周的大洋,气候比较干燥,有戈壁,也有沙漠。但是如果你真的这么认为,那就大错特错了。

哈萨克斯坦不仅有巴尔喀什湖,还有斋桑湖和其他

巴尔喀什湖是位于哈萨克斯坦东南部的堰塞湖。东巴尔喀什湖为咸水湖,西巴尔喀什湖为淡水湖。此为巴尔喀什湖航拍图。(视觉中国供稿)

许多湖泊。这个国家共有约 4.8 万个大大小小的湖泊，岂不可以算一个"万湖国"吗？

包括锡尔河、乌拉尔河、楚河、额尔齐斯河在内，哈萨克斯坦有 8.5 万多条大小河流，也算是"万河国"吧。这些河流大多是内流河，但是也有例外。额尔齐斯河就一直向北，流进遥远的北冰洋，是不折不扣的外流河。

其实，这儿许多地方非常湿润，分布着大片大片的森林、草原，是发展畜牧业的好地方。

哈萨克斯坦的矿产资源非常丰富，煤、铁和有色金属就有很多；钨的储量占世界第一位；铬和磷矿石的储量占世界第二位；铜、铅、锌和钼的储量占亚洲第一位；这里还是有名的"铀库"。

这里最最重要的是石油、天然气，算得上是亚洲腹地数一数二的"石油国"。

阿斯塔纳是哈萨克斯坦的首都，位于全国的北部，是一个交通枢纽。阿拉木图是哈萨克斯坦原来的首都，号称"苹果城"，距离中国新疆霍尔果斯口岸很近，在"一带一路"规划中，起着很大的作用。

说起"一带一路"，特别要指出的是，哈萨克斯坦紧挨着中国新疆，坐落在新亚欧大陆桥上，是大陆桥从中国出境后的第一个国家。它的东部铁路枢纽阿克斗卡正好和中国的阿拉山口对接。新亚欧大陆桥从中国出境后，万里长征第一步就从阿克斗卡开始。来自西方的物资也经过这儿进入中国，被进一步转运到东亚其他国家。

啊，哈萨克斯坦，新亚欧大陆桥上特别关键的国家！

三岔口上的阿富汗

阿富汗伊斯兰共和国，是亚洲中南部的内陆国家。全国面积约 64.75 万平方千米，人口约 3270 万，首都是喀布尔。

有人说，阿富汗这个名字的意思是"骑士"，显示出这里人们剽悍善战的特征。它在古代亚历山大大帝东征的时候就已经存在了，威名赫赫的亚历山大大帝对它也尊敬三分。想一想，在冷兵器时代，"骑士"这个名字有多么沉重的分量，你就能体会到这个民族在当时有着怎样的地位了。

阿富汗就是《史记》《汉书》等中国古代重要历史著作中的月氏，也是其他古籍中的月支，是当时西方的一个堂堂大国。

古往今来，阿富汗的地位之所以这么高，不仅因为勇敢的阿富汗民族受到世界尊敬，还由于它的地理位置特别重要，一直是交通咽喉、战略重地。

阿富汗坐落在西亚、南亚和中亚交会的地方。它的东边毗邻巴基斯坦，西边是伊朗，东北边还有一块突出的狭长地带直通中国。不管人们从东南西北哪个方向来，要相互来往，都不得不经过这个地方。

啊呀呀，原来这是一个绕不开的三岔口呀！

三岔口上的阿富汗，留下许多重要的历史记载。

中国—中亚—西亚经济走廊

你看，公元前329年，亚历山大大帝东征，咬下了这块硬骨头，就是从这里长驱直入印度的。

你看，公元前2世纪，原来居住在中国河西走廊的大月氏人，被凶狠的匈奴人打败，向西远远地迁到中亚的阿姆河流域。后来大月氏人征服大夏，逐渐迁移到这里。

你看，公元1世纪，强大的贵霜王国西起咸海，东至葱岭（帕米尔高原），横跨中亚和印度西北部，它的中心也在这个地方。

你看，汉武帝时期，张骞通西域，就是在这里发现了来自印度的筇竹、蜀布，找到中国西南部和印度之间那条可以供人通行的神秘道路。凭着这一点，人们之后大力发展，进一步开通了南方丝绸之路。

你看，唐玄奘万里迢迢到西天取经，来回也是走的

赫拉特礼拜五清真寺位于阿富汗西北部城市赫拉特，建于14世纪。（视觉中国供稿）

巴米扬谷位于阿富汗境内兴都库什山脉中，断崖绝壁上开凿着无数的石窟造像。（视觉中国供稿）

这条路。

是啊，是啊，阿富汗这个境内大都是山的内陆国家，可一点儿也不封闭。它是中亚、西亚、南亚的三岔口，这些地区的国家想相互来往，绕也绕不过去。它凭着这个三岔口的优势，傲然屹立在世界之林。

今天的"一带一路"规划中，新亚欧大陆桥铁路中设想中的一条南线从中国出境后，也必须经过中亚和阿富汗，通往西亚其他地方。

哦，三岔口！

噢，阿富汗！

从古到今，这里就是南方丝绸之路上的重要枢纽。你说，阿富汗这个三岔口重要不重要？

里海，是海还是湖

人们都知道亚洲和欧洲的分界线是乌拉尔山脉、乌拉尔河，但是常常忘记了里海。

是呀，里海是在这两个大洲分界的地方嘛。

里海这个名字来源于最早居住在西岸的卡斯皮部落，所以又叫卡斯皮海。

居住在南岸伊朗、东南岸土库曼斯坦一带的人根据这里曾经建立的可萨汗国（又叫哈扎尔汗国），把里海叫作可萨海或哈扎尔海。中国古代的《元史》中，把里海叫作宽甸吉思海。

这一大堆名字，把人们都弄糊涂了，倒不如干脆把它叫作里海。

是嘛，它本来就在陆地里面，和外面的海洋不通嘛。一个"里"字，就把它的特点说透了。

里海，是海还是湖？

它到底是里海还是"里湖"？

说它是海，有道理。

站在岸边抬头一望，只见天苍苍、水茫茫，一眼看不见边。这里波涛滚滚，就是一副大海的模样呀。

趴下来，咕噜噜喝一口水，还是咸的呢！

再说了，据地质学家报告，在高加索隆起成山以前，里海原本和黑海连接在一起，一万多年前才分开，本来

"五海通航"

凭借伏尔加河－顿河等运河，伏尔加河沟通了白海、波罗的海、里海、黑海、亚速海，实现了"五海通航"。

就有海的历史呀！这种海就算成为一个湖，也是一个大湖。它有一个名字叫作海迹湖，这说明了它的发展历史。

说它是湖，也有道理。

不管怎么说，它现在和四面八方的海洋不连通，就是活生生的一个湖呀！

里海，就是一个比较大的湖嘛。

里海是世界上最大的湖泊，也是最大的咸水湖，自古以来航运业就很发达。

里海沿岸有许多重要港口，除了我们已经说过的土库曼斯坦的土库曼巴希，还有俄罗斯的阿斯特拉罕、哈萨克斯坦的阿克套、阿塞拜疆的首都巴库、伊朗的安扎利港等。巴库和土库曼巴希之间还有火车和轮渡，可以

里海南北长1200多千米，平均宽约320千米，有伏尔加河、乌拉尔河等130多条河流注入。湖中有50个小岛，主要分布在里海北部。（视觉中国供稿）

中国—中亚—西亚经济走廊

运输石油和其他货物。

从里海经过伏尔加河－顿河运河，可以进入亚速海、黑海，从而进入地中海和世界大洋。

哈萨克斯坦和俄罗斯拟定的"欧亚运河"计划完成后，封闭在大陆内部的中亚内地和里海沿岸国家，就能真正找到出海口。

历史在前进，世界在变化。"一带一路"计划也在继续发展中，越来越多的国家和地区正在参与进来，没准儿将来里海也将承担起亚欧大陆内部的特殊海陆联运任务呢。

里海曾是古老地中海的一部分，湖中有多种海洋生物。里海海豹属海豹科，主要分布在里海地区。（视觉中国供稿）

高加索三国

格鲁吉亚全国面积约 6.97 万平方千米，人口约 372 万，首都是第比利斯。它是一个有着上万年历史的古国。有人说，格鲁吉亚这个名字来源于一个同名的神话人物。

亚美尼亚共和国全国面积约 2.97 万平方千米，人口约 300 万，首都是埃里温。有人说，亚美尼亚这个名字来源于一个同名的部落。中国古代称之为阿蛮国或阿没国。

阿塞拜疆共和国全国面积约 8.66 万平方千米，人口约 959 万，首都是巴库。有人说，阿塞拜疆这个名字来源于古时候的一个地区。另一个说法认为它来源于阿拉伯语，意思是"火的国家"。阿塞拜疆是世界闻名的石油、天然气工业国家，是一个名副其实的"火的国家"。

格鲁吉亚国旗　　　　亚美尼亚国旗　　　　阿塞拜疆国旗

波斯湾的神话

波斯湾,藏在西亚大陆里的波斯湾,坐落在阿拉伯半岛和伊朗高原之间。它好像一只又弯又长的手臂,从阿拉伯海向西北伸进陆地,从而形成一个大海湾。

这是一个藏在陆地中间的海湾,从最里面的阿拉伯河河口到出口处的霍尔木兹海峡,有970多千米长,56—338千米宽。

波斯湾这个名字是公元1世纪时古希腊地理学家斯特拉波取的。当地的阿拉伯人把它叫作阿拉伯湾。

这个海湾周围依次排列着伊朗、伊拉克、科威特、沙特阿拉伯、巴林、卡塔尔、阿拉伯联合酋长国和阿曼等国家。

波斯湾,历史悠久的波斯湾。

这儿自古以来就是海上交通要道。沿海的居民中,除了赶着骆驼在沙漠烈日下一步步辛苦奔走的脚夫,还有捕鱼、采珍珠的好手,以及航海、远方探险和海上贸易的佼佼者。

要知道,这个地区不仅有漫漫沙漠,还有蓝色的大海呀!沙漠和大海紧紧挨在一起,本身就是一个神话。

波斯湾,一个神话般的海湾。

波斯湾最有名的神话是什么?不消说,就是人人熟悉的《天方夜谭》呀。

神奇的一千零一夜故事中，包含着许许多多波斯湾的元素，水手辛巴达就是其中一个。其他与大海相关的传说，很多都和波斯湾有关系。

波斯湾，一个神话般的海湾。

古时候，在连接东方和西方的海上丝绸之路上，人们要进出波斯湾，得冒着风险，闯过诡谲的暗礁、明礁和风浪。水手竟然能驾着一叶扁舟神奇地自由出入，不也像神话吗？

波斯湾，一个神话般的海湾。

这儿气候干旱，许多地方寸草不生，到处是一眼望不尽的荒漠。人们祖祖辈辈生活在这里，过得十分艰辛。

神话出现了！传说一个孩子在海边拾到一只密封的瓶子，里面有一个被憋得发疯的妖怪。妖怪起誓说，如果谁把它放出来，它就心甘情愿做谁的奴仆，实现那个人的一切愿望。孩子揭开盖子，呼的一下把妖怪放了出来。妖怪变成一个顶天立地的巨人，满足孩子的愿望，演绎出离奇的神话故事。

神话是神话，现实是现实。原本黄沙漫漫的沙漠下面，石油一下子冒了出来，像从瓶子里出来的巨人，转眼改变了当地的面貌，岂不是一个真实的现代神话？

在遥远的海上丝绸之路时期，波斯湾还像禁闭在瓶子里的巨人，这里交换的货物主要是来自东方的华丽的丝绸、精致的瓷器、香喷喷的茶叶，输出的货物并不多。石油巨人出现后，一下子来了个大翻转。这里输送出去的货物，价值远远超过从世界各地输入的商品。

这货物就是神奇的"液体黄金"——石油。

中国—中亚—西亚经济走廊

　　沉睡的石油资源被发现后,波斯湾变了一个样。原本荒凉的沙漠忽然变成了美丽的花园,聚集起难以计数的财富。一幢幢摩天大厦平地拔起,构建一个个现代化的城市。所有这一切,都是石油的魔力。

　　波斯湾,已经变成一个富得流油的地方。

　　是呀,是呀,真的是富得流油啊!从前环绕波斯湾的国家都摇身一变,成了令人艳羡的石油国。整个波斯湾已经探明的石油储量,占全世界石油总储量的一半以上,年产量占全世界总产量的三分之一,是一个名副其实的聚宝盆。

　　其中,石油储量最丰富的是沙特阿拉伯,伊朗、伊拉克紧跟在后面。面积不大的科威特、阿联酋的石油储量也在百亿桶以上。

霍尔木兹海峡位于波斯湾东出口、阿曼半岛与伊朗之间,是波斯湾通往印度洋的唯一出口,也是中东石油外运的重要通道。(视觉中国供稿)

波斯湾的石油钻塔。波斯湾沿岸和海底是世界上最大的石油宝库，渔业资源也很丰富，盛产多种鱼类。（视觉中国供稿）

这些国家中，伊拉克、伊朗、沙特阿拉伯原本都是文明古国，各自有着辉煌的历史。往昔的岁月中，谁不知道响当当的巴比伦王国、波斯帝国和阿拉伯帝国？

在石油大潮中，海湾周边一些小小的酋长国也应运而生，散发出耀眼的光芒。

是啊，波斯湾，岂不是石油的代名词？这儿吸引了全世界的目光，成为一个新的历史舞台。

是的，波斯湾真了不起，成为全世界的加油站。这里开采的石油经过霍尔木兹海峡被运往世界各地，因此这条海峡被称为"世界油阀"。

从波斯湾出发的油轮共有三条航线。

第一条从波斯湾经过阿拉伯海、马六甲海峡，到达包括中国、日本等国家在内的亚洲东部。

第二条从波斯湾经过阿拉伯海、红海、苏伊士运河、地中海，到达南欧和东南欧；还可以从地中海经过直布罗陀海峡、大西洋，到达西欧、北欧和美洲。

因为苏伊士运河航道很浅，大型油轮还有第三条路线，那就是从波斯湾经过阿拉伯海、印度洋，绕过好望角进入大西洋，再到西非、欧洲和美洲各地。

霍尔木兹海峡

霍尔木兹海峡一边连接封闭的波斯湾，一边通向开阔的印度洋乃至整个世界。海峡从东到西长约150千米，最宽的地方有95千米，最窄的地方只有55千米。海峡中有许多大大小小的岛屿、礁石，航道深浅不一，这些情况给船只航行造成了一定的困难。

波斯湾的石油几乎供应到全世界。只消紧紧扼住这个海峡，就能掐断通往世界各地的石油运输线。说霍尔木兹海峡是"世界油阀"，一点儿也不错。

堂堂伊朗

伊朗，堂堂的伊朗。

你看，它高高地坐落在广阔的伊朗高原上，背靠大高加索山脉和里海，面对波斯湾。它的东边是阿富汗、巴基斯坦等国，一直通往东方的中国；西边是西亚各国，一直通往欧洲和非洲。

你看，它正好在古代丝绸之路的中点，不论是来自东方中国的丝绸、瓷器，还是来自西方的香料和其他商品，都必须经过这里。那时候，这里就是东西方商品的中转站，算得上左右逢源，地理位置实在太好了。

伊朗仅仅在古代丝绸之路上有很大的作用吗？

才不是呢！波斯湾的石油必须从它的鼻子下面经过。它只消掐住这条海上石油管道，就可能对整个世界造成很大影响。

啊，伊朗，不可小觑的伊朗，谁也不敢随便招惹它。

伊朗，堂堂的伊朗。

今天的伊朗，就是古代的波斯。

古代的波斯帝国非常强大，在极盛时期，它的边疆东起印度河，西到爱琴海，北至大高加索山脉，南达埃塞俄比亚，是一个地跨亚欧非三洲的庞大帝国，面积十分广阔。

伊朗，堂堂的伊朗。

伊朗

一种说法认为，伊朗这个名字的意思是"富裕"。在古代波斯语中，伊朗叫作Arhya。中国在古代时根据这个名字称呼它为安息。

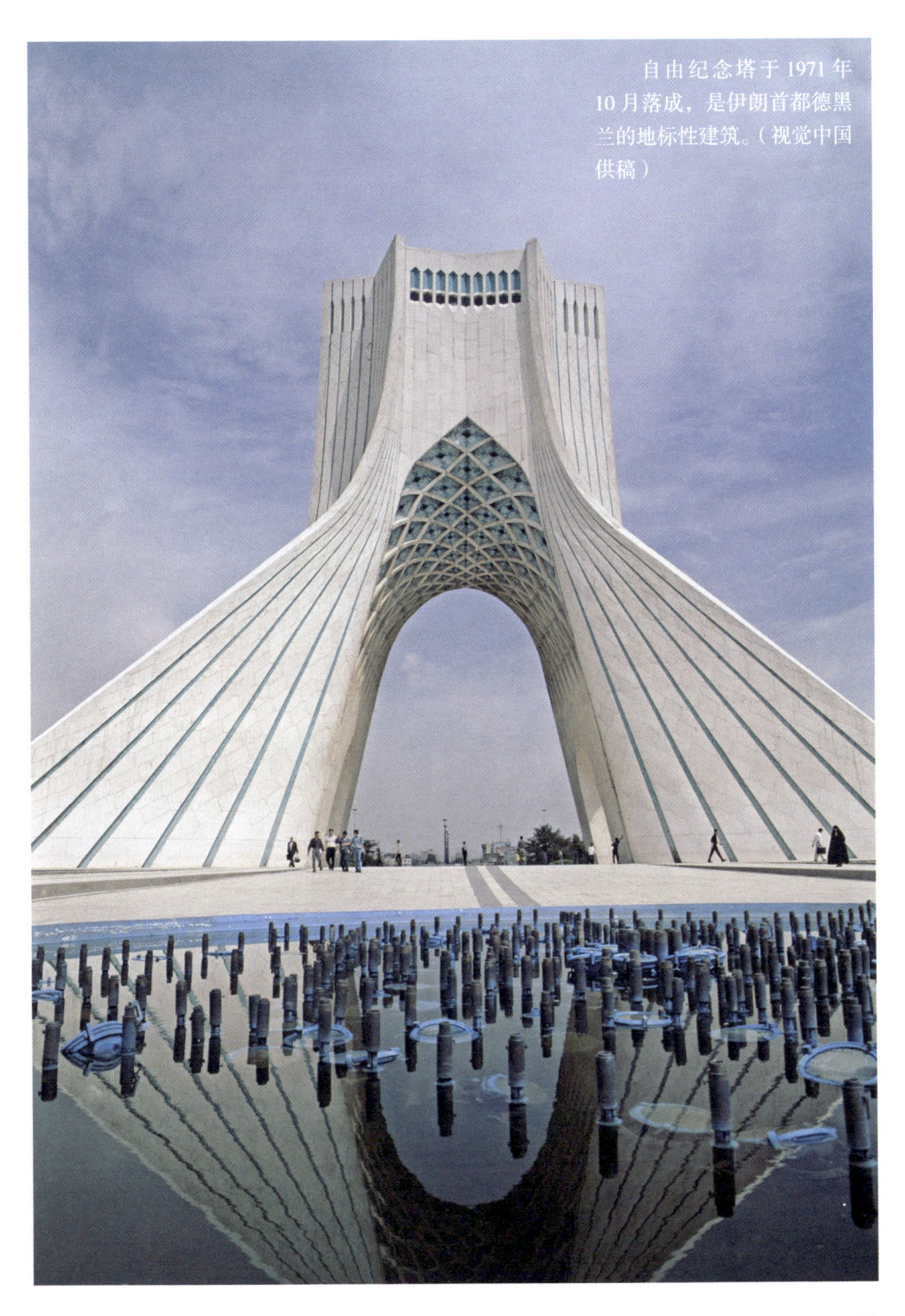

自由纪念塔于 1971 年 10 月落成,是伊朗首都德黑兰的地标性建筑。(视觉中国供稿)

古时候，很多波斯商人到中国来，有的人长途跋涉来回穿行；有的人定居在长安、泉州、广州等地；还有的人散布在中国其他城市，这些人成为一个特殊的群体。

请看下面这首古诗对波斯商人的描写：

波斯老贾度流沙，
夜听驼铃识路赊。
采玉河边青石子，
收来东国易桑麻。

伊朗伊斯法罕皇家广场，始建于公元前6世纪中期，于1979年被联合国教科文组织列入《世界遗产名录》。（视觉中国供稿）

这首诗里，一个年纪不小的波斯商人跟随骆驼队，穿过茫茫大沙漠，来到中国西部的和田经商，这就是波斯商人到中国来最生动的写照。

伊朗，堂堂的伊朗。

德黑兰建于12世纪，是伊朗的首都，也是全国最大的城市。（视觉中国供稿）

今天的伊朗伊斯兰共和国全国面积约164.5万平方千米，人口约8000万，是西亚的一个大国。它的首都德黑兰是有着千万人口的大城市，也是西亚最大的城市之一。

更加重要的是，伊朗蕴藏着十分丰富的能源和矿产，石油、天然气、煤的储量都很大。这里已经探明的石油、天然气储量均位居世界前列，对世界的影响很大。除此之外，这里的铁、有色金属等其他矿产资源也很丰富，铜矿储量就占世界第三位。

伊朗拥有丰富的石油资源，石油化工当然也很发达，早已从古代的农牧业国家演变为以石油工业为主的工矿业国家。除了石油、天然气，这里的地毯、皮革等传统工艺产品也很有名气。

昨天的波斯是古代丝绸之路上的东西交通枢纽和贸易中心，有着举足轻重的地位。今天的伊朗将在丝绸之路经济带中发挥更大的作用。

《一千零一夜》的故乡

伊拉克,《一千零一夜》诞生的地方。

哪个孩子不知道《一千零一夜》的神话故事?《阿拉丁和神灯》《航海家辛巴达》《渔翁、魔鬼和四色鱼》……没有一个故事不迷人。千百年过去了,古老的巴格达城内还竖立着国王山努亚倾听王妃讲故事、阿里巴巴和四十大盗,以及《一千零一夜》中其他故事的雕塑。一座又一座雕像静静地伫立在街头,似乎在讲述昨日的故事。

伊拉克,富庶的"肥沃新月"。

幼发拉底河、底格里斯河这两条母亲河流淌过这儿,细腻的泥沙沉淀下来,堆积得十分深厚。在甜滋滋的河水年年月月的滋润浇灌下,这里生成了一片肥美的平原。整个冲积平原的外形活像弯弯的月亮,所以就叫作这个名字。

伊拉克,世界古代文明的一个摇篮。

这里就是著名的美索不达米亚呀!

一种说法认为,美索不达米亚这个名字的意思是"河流之间的地方"。

幼发拉底河、底格里斯河这两条大河流域内,孕育出古老的文明。早在公元前3200年左右,最早居住在这里的苏美尔人就发明了特殊的楔形文字。之后的阿摩利人在这里建立巴比伦文明,留下世界上迄今完整保存下来的最早的一部法典——《汉穆拉比法典》。

在之后的时代里,"四大文明古国"之一巴比伦王国修建起神秘的巴别塔,和古代世界七大奇观之一的巴比伦空中花园。一代代王朝继续发展,营造出空前的繁荣景象。

伊拉克,浸透石油的国度。

这里的石油储量占世界已探明总储量的9.8%,位居世界前五名。"富得流油"这句话用在这里,再恰当不过了。

位于伊拉克北部山区和平原交界处的基尔库克油田,是伊拉克北部最大的油田,也是世界上最有名气的油田之一。这里有石油提炼工厂,生产出来的石油通过一条条油管,输送到附近的土耳其、叙利亚、黎巴嫩等国沿地中海港口,转运到世界各地。

伊拉克共和国是西亚的大国之一,全国面积约43.83万平方千米,人口约3600万,首都是巴格达。

伊拉克首都巴格达位于美索不达米亚平原中部。这里曾是伊斯兰教文化中心,市内现存有大批清真寺。(视觉中国供稿)

巴比伦空中花园是古代世界七大奇观之一，传说在公元前6世纪由新巴比伦王国国王尼布甲尼撒二世为其妃所造。（邱一新/FOTOE）

伊拉克这个名字的意思是"低地"或"血管"。是呀，幼发拉底河、底格里斯河流经的这个国家，就是一片天然的低地。这两条河流本身就是哺育文明的"血管"呀。

巴格达这个名字的意思是"神赐之物"。是啊，巴格达曾经是古代许多强大帝国的古都，显赫的历史照耀千秋，遍地都是文物古迹。特别是巴比伦王国时代，这里更加光芒万丈。巴比伦这个名字的意思是"神之门"，说巴格达是"神赐之物"，一点儿也不错。

伊拉克的两条母亲河——幼发拉底河和底格里斯河流呀流，汇合成阿拉伯河，在巴士拉附近出海，流进西亚的"内海"波斯湾。

巴士拉这个名字的意思是"边界"，它是伊拉克通往外界的唯一海港，也是霍尔木兹海峡最里面的港口。中国《太平寰宇记》把它叫作勃萨罗，《四夷路程》称之为末罗国。它是往昔海上丝绸之路的西方终点站之一，在"一带一路"中的作用不可小觑。

中国—中亚—西亚经济走廊

揭开阿曼的神秘面纱

啊，阿曼，一个蒙着神秘面纱的国家！

阿曼是一个古老的西亚国家，有许多古老的传说。

公元前21世纪，这里就已经广泛进行海上和陆上的贸易活动。公元7世纪时，这里成为阿拉伯帝国的一部分。当地的传说将这里描绘得非常繁盛，似乎不比差不多同时代的东方大唐帝国的开元盛世差半分。

不幸的是，公元16世纪起，它被葡萄牙、波斯、英国占领了漫长的岁月，曾经有过悲惨的命运。

公元18世纪时，这里成立赛义德王朝，之后改建为

马斯喀特是阿曼的首都，地处波斯湾通向印度洋的要冲，依山临水，风景秀丽。（视觉中国供稿）

马斯喀特苏丹国。1970年，这个国家改名为阿曼苏丹国，一直发展到今天。

阿曼在哪儿？

阿曼苏丹国位于阿拉伯半岛东南部，一边挨着西印度洋的阿拉伯海，一边靠着阿曼湾。全国面积约30.95万平方千米，人口约409万，首都是马斯喀特，也算西亚地区的一个大国。

来到这儿一看，阿曼的境内大多数地方是干旱的高原。这里没有像样的河流，散布着一片片沙漠和无人居住的野地，给人非常荒凉的印象，似乎是一个被遗忘的国度。

不，事实完全相反，真实的阿曼不是这样的。它并不是封闭的角落，从古到今，这儿都是热热闹闹、对外开放的地方。

这和大海有关系。

请别忘记，阿曼周边大都是海，是风沙弥漫的阿拉伯半岛上一道沾湿海水的"花边"。海水和荒漠，在这里形成了极其强烈的反差。

想真正认识这个国家，得从它的两个名字说起。

请仔细琢磨一下阿曼的本名吧。

一种说法认为，阿曼这个名字的意思是"船"。也有人说，这个名字来源于一个部落、一个城市或者一个古代的头领。不过"船"的含义，是被大多数人认可的。

"船"，这是怎么回事？

是不是这里的船很多、很好？

这话说对了。公元前21世纪时，这里的海上贸易活

马斯喀特

马斯喀特是阿曼的首都，也是全国最重要的港口。

这里位于阿曼湾的喇叭口，离霍尔木兹海峡不远，是进出霍尔木兹海峡的必经之地，位置非常重要。

中国—中亚—西亚经济走廊

阿曼首都马斯喀特的海滨风光。（视觉中国供稿）

动就很活跃。阿曼人自古以来就擅长航海，是一个不折不扣的航海民族。他们不仅在附近的海上活动，还远航到大海对面的东非一带，进行商业贸易。人们长期和大海打交道，这里的造船技术很发达，阿曼成了阿拉伯半岛著名的造船中心。

喔，明白了。阿曼和大海有着千丝万缕的关系，所以就被人们叫作"船"。

阿曼还有一个别名，叫作"乳香之国"。

乳香是一种特别名贵的香料，被称为"白色黄金""沙漠的珍珠"。据说，乳香的袅袅烟雾可以把虔诚的祈祷带进天堂。虽然世界上许多地方都有这种香料，但阿曼的乳香质量最好。世界上最好的乳香"银香"，就产于阿曼的内格德高原，年产量达到7000吨。

呵呵，这不是沉重的煤炭和钢铁，而是本身就很轻

阿曼南部所产的乳香是世界上公认的最好的乳香,味纯且色正。绝妙的甜香给纯朴的阿曼人平添了几分高雅的气质。(视觉中国供稿)

的香料,居然有这么大的产量,真的很了不起。

古希腊学者希罗多德说"举国上下到处飘荡、散发着绝妙的甜香",描述的就是阿曼的乳香。古代海上丝绸之路上,从东方运来的华丽丝绸,向西边运去的名贵乳香,主要就是从这里运送出去的。在漫长的几千年内,乳香贸易一直是阿曼的经济支柱,所以这里一直很繁荣。

阿曼之所以重要,还和著名的"世界油阀"霍尔木兹海峡有关系。波斯湾由西向东伸展,到了出口的地方,被阿曼向北伸出去的一个半岛紧紧扼住,来了一个"人"字形大转弯,形成险要的霍尔木兹海峡。阿曼好像一把锁,位置非常重要。不消说,阿曼在世界航运和石油运输中,地位也与众不同。

波斯湾畔的"珍珠串"

波斯湾畔散布着一连串"珍珠",闪烁着耀眼的光芒。

啊,波斯湾!

啊,珍珠!

在炎热阳光下的波斯湾,珍珠自古以来就很有名。《一千零一夜》和别的许许多多传说中,早就流传着采集珍珠的故事,人们一点儿也不陌生。这些故事随着丝绸之路,传播得很远很远,远到遥远的东方,坐在金銮宝殿龙椅上的中国皇帝的耳朵里一定也塞满了波斯湾珍珠的故事,还曾经派遣使臣和商人前往寻觅。

随着时间的推移,这些珍珠的传说都已经成为陈年往事。古老的波斯湾还是那个波斯湾,历史却已经翻开新的一页,"珍珠"的含义悄悄发生了变化。这里出现了一个新的"珍珠串",仿佛上演了真实的《一千零一夜》。

这不是装饰在项链、戒指、王冠上的一颗颗珍珠,而是另一种更加实用、价值连城的地下资源组成的新型"珍珠串"。

这就是波斯湾畔的一连串石油国家。

除了人们熟知的伊朗、伊拉克、沙特阿拉伯等有着悠久历史的国家,这里还有一连串袖珍国,它们也是世界闻名的新兴石油"大国"。"小"和"大",演绎出一个个新的传奇。

阿拉伯联合酋长国首都阿布扎比城市俯瞰。（视觉中国供稿）

这些国家的共同特点是面积不大，人口不多，境内基本是寸草不生的荒漠。它们几乎没有河流和湖泊，都严重缺水。由于农耕土地和生活资源有限，这些国家的粮食基本上只能依靠进口，曾经十分贫穷。可是它们几乎都在一夜之间神话般地发现了丰富的石油、天然气资源，如今一个比一个牛气。

是呀，不久前，这些地方还是一派黄沙滚滚的荒漠，如今却像雨后春笋，在野地里竖起一个个巨人般的石油井架，热火朝天地开采石油，时时刻刻受到世界关注。

随着石油带来的财富积累，这些不大的国家里还平地冒出一座座现代化城市。城市内高楼大厦林立，一点儿也不比世界上其他大都会差。

这一连串"珍珠"中，第一颗"珍珠"是科威特国。

中国—中亚—西亚经济走廊

它坐落在波斯湾最深处，和伊拉克、沙特阿拉伯连接在一起。全国面积约1.78万平方千米，人口约397万。

科威特这个名字的意思是"小堡垒"。它的首都也叫这个名字，古时候是一个真正的"堡垒"。

别看这个国家很小，似乎只有巴掌大，名声却四方远扬。这里已经探明的石油储量大约占世界总储量的10%，位居世界前列。它的海边的布尔甘油田，是世界第二大油田。

在科威特，水比石油还稀罕。这里的饮水主要来自邻国伊拉克以及淡化海水。为了储存生活必需用水，人们在科威特城的海滨大道边修造起一座世界闻名的科威特城水塔。这是由三座贮水塔巧妙组成的建筑物，主塔有187米高，人们从海上老远就能望见。它是科威特的一个特殊标志。

第二颗"珍珠"是巴林王国。这是一个浮在水上的特殊岛国。

科威特城水塔建于1977年，塔上还有旋转餐厅，是集储水、旅游、观赏为一体的城市地标性建筑。（视觉中国供稿）

它由30多个岛屿组成，实际上是波斯湾里的一个小小的群岛，最大的岛是巴林岛。全国面积约767平方千米，比科威特小得多，有约131万人。

巴林这个名字的意思是"两股水源、两个海"。

在干旱的波斯湾地区，有水就很了不起。这里居然有两个水源。因为这儿有水，所以耕地比其他几个海湾小国多一些。虽然这里吃的东西主要还得依靠进口，但是多多少少也能种植一些粮食和水果。

"两个海"表明了巴林的岛屿特点，说明了它里外都是海的地理环境。

巴林是海湾地区最早开采石油的国家，炼油、石化、炼铝和船舶维修等工业也很发达。它的首都麦纳麦不仅是一个重要港口，也是海湾地区的金融中心，被称为"波斯湾明珠"。

第三颗"珍珠"是卡塔尔国。它坐落在卡塔尔半岛，全国面积约1.15万平方千米，人口约234万。

卡塔尔的石油、天然气资源很丰富。这里的国民收入绝大部分来自石油。已经探明的天然气储量位居世界第三。

它的首都多哈港阔水深，是一个有约154万人的大城市，也是波斯湾的著名港口之一。2006年，这里还曾经举办过第15届亚运会呢。

第四颗"珍珠"是由七个酋长国组成的阿拉伯联合酋长国。全国面积约8.36万平方千米，人口约930万。它的首都是阿布扎比。另一个海港城市迪拜很有名气，是整个波斯湾地区中的明珠。

中国—中亚—西亚经济走廊

谁不知道这里的造型别致的帆船酒店，是世界上第一家七星级酒店？

谁不知道这里的高828米、超过160层的摩天大楼哈利法塔，刺破深邃的蓝天，高高耸起，无与伦比？

谁不知道这里的棕榈岛、世界岛，结构十分巧妙？

谁不知道这里的全球最大购物中心，吸引全球各地的游客前来拜访？

这一切，包括所有新兴的波斯湾国家，都是石油创造的奇迹。

阿拉伯塔酒店因外形酷似帆船，又称迪拜帆船酒店，位于阿拉伯联合酋长国迪拜海湾，以金碧辉煌、奢华无比著称。（视觉中国供稿）

话说沙特阿拉伯

说起沙特阿拉伯,你会想起什么?

阿拉伯半岛呀!

沙特阿拉伯在阿拉伯半岛上,是这个巨大的半岛上最大的国家。

阿拉伯半岛总面积322万平方千米,沙特阿拉伯王国的面积约225万平方千米,就占了阿拉伯半岛的三分之二,人口约3152万。这个国家是这个半岛上的大哥大。

说起沙特阿拉伯,你会想起什么?

鲁卜哈利沙漠呀!

鲁卜哈利沙漠又叫阿拉伯大沙漠,位于阿拉伯半岛南部,总面积有65万平方千米。

翻开地图看,鲁卜哈利沙漠和撒哈拉沙漠同属于低纬度地区,面临着同样的气候环境。其实它们中间大致只隔着一道窄窄的红海,以及少数没有被风沙掩盖的地方,几乎是一体的。说鲁卜哈利沙漠是撒哈拉沙漠东边的延展部分,也有些道理。

喔,沙漠里,到处风沙滚滚,几乎叫人睁不开眼睛。这里一片单调的黄色,人们瞧着非常乏味。

沙特阿拉伯位于阿拉伯半岛,东濒波斯湾,西临红海,石油储量和产量均居世界首位,是世界上最富裕的国家之一。(视觉中国供稿)

中国—中亚—西亚经济走廊

不，这是谁告诉你的？

风沙有停息的时候，沙漠里也有绿洲。

沙漠里的风沙停息的时候，天特别蓝。那才是真正的蓝天，可不像有的地方整天蒙着灰不溜丢的雾霾。

没有风沙的沙漠中的夜晚，星空特别灿烂。这才是天文学家的乐园，别处很难看见。

别说沙漠很热，那是天生的。甭管沙漠的烈日多么厉害，人只消站在树荫下，就一点儿也不热了。阿拉伯人穿着宽松的白长袍，也是抵抗热气的好办法。

沙漠绿洲特别美。沙特阿拉伯的城镇都在美丽的沙漠绿洲里。

噢，别以为沙特阿拉伯到处是沙漠，这里也有田野和农场，出产小麦、玉米、水稻，也有椰枣、柑橘和别的水果呢。

说起沙特阿拉伯，你会想起什么？

你会想起它的首都利雅得，以及麦加、麦地那这两个供伊斯兰教徒朝觐的圣城。

说起沙特阿拉伯，你会想起什么？

麦加大清真寺。麦加是伊斯兰教的第一圣地，坐落在沙特阿拉伯西部。（视觉中国供稿）

丰富的石油资源呀!它是世界上最大的石油输出国,是名副其实的"石油王国"。这才是沙特阿拉伯递给世界的最好名片。

有了石油,还得将它运送出去。这里管道运输发达,从波斯湾沿岸横穿国境的输油管长 1215 千米,直达红海岸,是一条重要的输油管。

沙特阿拉伯的地理位置也很好。它的一边是向东方输送石油的波斯湾,另一边是向西方输送石油的红海。

丰富的石油资源,四通八达的地理位置,这就是沙特阿拉伯在"一带一路"中所起到的重要作用。

沙特阿拉伯的海水淡化厂

沙特阿拉伯没有大河和湖泊,世世代代以来,缺水就是一个大问题。

别着急,这儿周围都是大海,那么就积极开发地下水,再发展海水淡化技术吧。这儿有许多海水淡化厂,全国一半的饮用水差不多都是通过这些海水淡化得来的。

分开亚欧两大洲的海峡

博斯普鲁斯海峡、达达尼尔海峡,中间还有一个马尔马拉海,隔开了亚欧大陆。

一边是亚洲,一边是欧洲;一边是日出的东方,一边是日落的西方,分得清清楚楚。

说得更加具体些,这两个海峡和一片海,隔开了亚洲的小亚细亚半岛和欧洲的巴尔干半岛。

说得再具体一点,它们把土耳其分成了两半,东边一大半在亚洲,西边一小半在欧洲。

喔,原来土耳其是一个横跨两大洲的国家呀!土耳其共和国全国面积约78.36万平方千米,人口约7981万。它现在的首都是安卡拉,从前历代的古都却是博斯普鲁斯海峡边的伊斯坦布尔。

这儿也是连通地中海和黑海的一条水巷,一头是地中海东部的爱琴海,另一头是黑海。

黑海被陆地紧紧包围,是一个内海。地中海不也是一样位于陆地中间吗?

这个特殊的水巷,串联着内外两个海,活像一个有趣的糖葫芦。

这条在世界上独一无二的水巷叫作土耳其海峡,又叫黑海海峡,包括博斯普鲁斯海峡、马尔马拉海、达达尼尔海峡。它从北偏东到南偏西的方向,斜斜地横插在

两大洲之间，像一根筷子似的笔直地穿过去。

博斯普鲁斯海峡连接黑海和马尔马拉海。

因为伊斯坦布尔在这个海峡的岸边，所以这个海峡又叫作伊斯坦布尔海峡。

伊斯坦布尔是亚欧两大洲来往的跳板，也是进出黑海和地中海的咽喉，地理位置非常重要。熟悉历史的人都知道，它还有两个非常响亮的名字——拜占庭、君士坦丁堡，加上伊斯坦布尔，这三个名字分别代表了这个古城所经历的三个辉煌时代：威名赫赫的拜占庭、东罗马帝国、奥斯曼帝国。往昔的岁月中，这里都曾经震动亚欧非三洲的大地。古时候，谁不害怕他们那所向无敌的铁骑？谁不害怕他们的国君发脾气？

中国—中亚—西亚经济走廊

不用说，这些显赫的时代都在这里留下了许多独具特色的痕迹，不少古迹被联合国教科文组织评定为世界遗产。

其中最著名的是瑰丽无比的苏丹艾哈迈德清真寺，也就是人人都知道的"蓝色清真寺"。它是17世纪的奥斯曼帝国时代的古迹。

博斯普鲁斯海峡全长30千米。最宽的地方有3600米，最窄的地方只有720米；最深处为80米，最浅处只有27.5米。这是黑海通往外部世界的第一道大门，所以特别重要。

马尔马拉海在整个土耳其海峡的中间，东西长270千米，南北最宽处约70千米，一眼望不见对岸。海域

博斯普鲁斯海峡大桥位于土耳其伊斯坦布尔市，于1973年10月正式通车，是第一座跨越博斯普鲁斯海峡并连接亚欧大陆的跨海大桥。（视觉中国供稿）

蓝色清真寺，土耳其著名清真寺之一。它矗立在马尔马拉海和博斯普鲁斯海峡的海口处，是伊斯坦布尔最重要的标志性建筑之一。（视觉中国供稿）

面积 1.1 万平方千米，平均深度 183 米，最深的地方有 1355 米，是世界上最小的海。

别瞧这个海在海洋大家庭中是一个小不点儿，海上也有两个群岛呢。自古以来，这里的岛上和海峡岸上就盛产大理石。在希腊语中，"马尔马拉"就是大理石的意思，"马尔马拉海"的意思就是"大理石海"。

马尔马拉海是土耳其的内海。有了马尔马拉海，加上北边的黑海、南边的爱琴海，土耳其可算是地跨两大洲的"三海之国"啦！

达达尼尔海峡连接马尔马拉海和爱琴海。因为它西边的出口处正好在恰纳卡莱港的鼻子下面，好像一个铁锁，牢牢把住进出口，所以达达尼尔海峡又叫恰纳卡莱海峡。它全长65千米，长度是博斯普鲁斯海峡的两倍。它最宽的地方约6400米，最窄的地方只有1300米。

土耳其海峡分开亚欧两大洲，紧紧扼住了黑海各国周边，是南来北往进出的咽喉，也是东西交通的跳板，历史上从来就很不平静，不知上演了多少铁马金戈、悲欢离合的故事。

这个海峡多风、多雾、多地震，从自然环境的角度来看，也是一个不平静的海峡。

黑海

黑海的面积为42万多平方千米，是亚欧大陆的一个内海。流入黑海的河流有多瑙河、第聂伯河等。沿岸国家有土耳其、保加利亚、罗马尼亚、乌克兰、俄罗斯、格鲁吉亚六国。土耳其的伊斯坦布尔、保加利亚的瓦尔纳等都是这里的重要港口，航行活动十分频繁。

雪松下的黎巴嫩

黎巴嫩,雪松下的古老国家。

雪松又叫作香柏,不是普通的松树。它在《圣经》中被称为"植物之王",特别高大挺拔,与众不同。雪松是黎巴嫩的国树,在境内广泛分布。

整个西亚和北非普遍干旱,一些地方甚至寸草不生,分布着一片片荒凉的沙漠,严重缺乏木材。黎巴嫩的这些参天巨树特别引人注目,这就是包括埃及在内的许多邻近国家建筑材料的主要来源。

雪松是黎巴嫩的骄傲。黎巴嫩人爱雪松,国旗、国徽上都有它的影子。

黎巴嫩,夏季炎热干燥、冬季温和多雨的国家。

啊,这样的气候真奇怪呀,和咱们这儿大不一样。

这儿是这儿,那儿是那儿。那儿是特殊的地中海气候,天生就是这个样。地中海地区许多地方都是这个样,黎巴嫩也是一样的。

这种特殊的气候环境里,生长着许多特殊的植物。神奇的橄榄树就是其中著名的一种。《圣经·创世记》里的挪亚方舟故事不就有鸽子衔回橄榄枝这样象征生命的情节吗?

橄榄树一身是宝。橄榄果可以吃,橄榄油是很好的绿色保健食品,可以用来制药和防止衰老,还有各种各

黎巴嫩

黎巴嫩这个名字源于黎巴嫩山脉,意思是"白色",可能是指山顶的季节性积雪或白色的岩层。

中国—中亚—西亚经济走廊

样神奇的用途。地中海沿岸国家到处有橄榄树，黎巴嫩也是其中之一。

黎巴嫩，干旱大环境中的一片湿润的沃土。

喔，难道不是这样吗？

从地图上看，除了幼发拉底河、底格里斯河流过的伊拉克境内的"肥沃新月"有一片绿色的田野，几乎整个西亚都非常干燥。可是黎巴嫩也有一片难得的沃土呢。

咦，这是怎么回事？

原来黎巴嫩的地形可以一分为四，从西向东依次是沿海平原、黎巴嫩山脉、贝卡谷地和东部的安提黎巴嫩山。

哦，原来这是两道山脉和两个平原。它们纵贯南北，相互平行排列，两道山脉仿佛天然的气候屏风，挡住了东边大陆内部到处蔓延的风沙，也阻挡住从西边吹来的

雪松是松科雪松属植物，常绿乔木，树冠呈尖塔形。它是黎巴嫩的国树，代表挺拔强劲的力量、纯洁和永生。（视觉中国供稿）

橄榄树是著名的亚热带特产果树。橄榄营养丰富，果肉可食，也可榨油，制成美味的菜肴。（视觉中国供稿）

湿润海风，把雨水洒落在山前的平原上。

这一来，沿海平原和贝卡谷地的水分非常充足，成为难得的"粮仓"。特别是临海的黎巴嫩山脉首先阻挡地中海吹来的海洋气流，在山前形成一条条河流，流贯狭窄的沿海平原，再流回地中海的怀抱，所以这里的生态环境特别好。

黎巴嫩共和国全国面积约1.05万平方千米，人口约462万。在众多西亚国家中，黎巴嫩显得与众不同，曾经称得上是"富庶"的代名词。因此这里历来是许多强敌觊觎的地方，被许多强大的帝国占领过。

黎巴嫩的首都贝鲁特是全国主要的港口城市，曾经有"东方巴黎"的美誉。

中国—中亚—西亚经济走廊

圣城耶路撒冷

耶路撒冷，神圣的城。

犹太教、基督教、伊斯兰教，都根据各自的宗教传说，恭恭敬敬地把这里当作自己的圣地。

一些古老的泥板记载，早在公元前4000年左右，这里就有人居住，历史十分悠久。一个部落从阿拉伯半岛迁移到这里，是最早的居民。后来一个国王在这里修建城市，取名为耶路撒利姆，就是"和平之城"的意思。这个名字后来慢慢演变为耶路撒冷。

耶路撒冷旧城位于耶路撒冷东部，东邻橄榄山，南邻锡安山，居民多为阿拉伯人，现存很多古迹。（视觉中国供稿）

圆顶清真寺位于耶路撒冷老城区，是伊斯兰教的圣地，也是著名的城市地标建筑。（视觉中国供稿）

耶路撒冷这个名字不仅很古老，也寄托着深深的和平愿望。

公元前10世纪左右，古以色列大卫王的儿子所罗门在耶路撒冷建造了犹太教的第一座圣殿。之后这里被巴比伦王国和罗马帝国破坏，只剩下短短一段残破的城墙。犹太人常常聚集在这里哭泣，因此这里被称为哭墙，是犹太教神圣的地方。

传说耶稣出生在附近的伯利恒，曾经在耶路撒冷传播上帝的福音，后来被钉死在十字架上。因此这里也是基督教的圣地，有基督徒的圣墓教堂和苦路。

这里还有穆斯林的圆顶清真寺和阿克萨清真寺，也是伊斯兰教的圣地。

耶路撒冷是这三个宗教的圣地，受到众多信徒崇敬，被信徒们当成心目中最神圣的地方。每逢宗教节日来临的时候，人山人海的信徒聚集在这里，虔诚祈祷，举行盛大的宗教活动。古老的耶路撒冷，显现出比平时更加神圣的光芒。

请问，这么神圣的城市，全世界能找到第二个吗？

耶路撒冷，和平之城。

是啊，耶路撒冷这个名字就包含着和平的意思。世界上很多宗教都爱护人间众生，希望人人相爱，永远和平。

不消说，信徒们都有同样的愿望，都厌恶相互残杀，不喜欢流血战争。和平之城这个名字，岂不反映了宗教的教义，表达人们的共同心声？

耶路撒冷位于地中海和死海之间，高高坐落在一座叫犹地亚山的圣山上。

哭墙原名西墙，是耶路撒冷城内的一堵名墙，是犹太教古圣殿的残存部分。公元70年后，圣殿毁于战火，这堵墙就成为犹太教的圣物。（视觉中国供稿）

这里是西亚的一个交通咽喉，不管北上土耳其，南下埃及，还是向西进入地中海，向东进入肥沃的美索不达米亚平原、伊朗高原以及遥远的印度，都必须经过这里。所以耶路撒冷自古以来就是交通要道，古代丝绸之路也曾经延展到这里。

耶路撒冷，这个名字真好呀！可惜由于种种原因，和平暂时没有实现。耶路撒冷啊耶路撒冷，希望你永远都是和平之城。

约旦、叙利亚

约旦哈希姆王国全国面积约8.9万平方千米，人口约950万，首都是安曼。约旦位于亚洲西部，西部多山地，东部和东南部为沙漠。

这里的淡水资源比较缺乏，石油资源也不丰富，旅游业是它的支柱产业之一。佩特拉古城和死海等景点吸引各地游客前来旅行。

阿拉伯叙利亚共和国全国面积约18.52万平方千米，人口约1980万，首都是大马士革，主要港口是拉塔基亚。

叙利亚地处世界石油、天然气最丰富的中东中心位置，由于高山的阻挡，气候比较干燥。这里的矿产资源丰富，石油基本可以自给自足，并部分出口到其他国家。

约旦国旗　　　　　叙利亚国旗

"航海民族"腓尼基人

人们说,地中海是古代文明的摇篮。

不,亚平宁半岛把地中海一分为二,东地中海这边有许多历史悠久的古国,这里才是真正的古代文明的摇篮。

难道不是这样吗?

你看,古埃及、古希腊、腓尼基、亚述、罗马都在这边,比西地中海文明早得多。

这些古国都曾经有过辉煌的航海历史。其中,生活在相当于今天的黎巴嫩和叙利亚沿海一带的著名"航海民族"腓尼基人,曾经扬帆出海,探索了整个地中海。

相传腓尼基人的船是当时最好的海船,船头往往雕刻着一个高高昂起的鸟头,船尾竖着一条鱼尾巴。他们就是驾驶着这种半鱼半鸟的航船,在大海上乘风破浪地航行的。

早在公元前10世纪左右,这些沉重的平底船便扬着布帆驶入大海,到达塞浦路斯。腓尼基人还依靠太阳和"腓尼基人的星"——北极星的位置,根据熟悉的海岸地形地貌,来辨别航行的方向,出没于岛屿密布的爱琴海和整个东地中海上。

腓尼基人不仅是航海的好手,也善于经商。他们曾经在北非沿海建立包括迦太基在内的一个个居住点,控

中国—中亚—西亚经济走廊

制整个西地中海的贸易。

从前，人们说地中海是唯一的天地，陆地紧紧包围住地中海，就是整个世界。

腓尼基人不满足于这个传统的观念，决心冲出"地中海世界"这个小小的圈子。

腓尼基人沿着整个地中海沿岸航行，寻找通往外面的道路。他们向东穿过达达尼尔海峡和博斯普鲁斯海峡，首先进入黑海。

腓尼基人又向西前进，一直航行到地中海西边的出口处，也就是现在的直布罗陀。

他们在直布罗陀修建了一座宏伟神殿，纪念传说中的大力英雄海拉克列斯，并竖立起一根在阳光下可以闪闪发光的巨大黄金柱，以及一根在夜间也能发光的绿石

直布罗陀是位于伊比利亚半岛南端的城市和港口，扼住大西洋和地中海交通咽喉，战略地位十分重要。（视觉中国供稿）

波兰濒临波罗的海，琥珀储量丰富，是世界上的琥珀生产大国，有着悠久的琥珀开采历史。（视觉中国供稿）

柱，将它们作为日夜导航的标志。

他们进一步勇敢地闯出地中海西边的出口，向北到达出产锡的不列颠群岛和出产琥珀的波罗的海沿岸，往南到达西非的一些地方。

更加重要的是，腓尼基人还曾受埃及人的委托，从红海出发，环绕非洲大陆航行，从而证明地中海外面还有大洋，世界不是陆地包裹着海洋，而是海洋包围着陆地。这纠正了过去人们对世界的错误观念，大大开拓了人们的地理视野。

"铜岛"塞浦路斯

谁不知道地中海?

这是亚欧非三大洲中间的一个很大、很有名气的陆间海呀!

地中海是古代文明的摇篮,曾经孕育了古埃及、古希腊、罗马以及古代西亚的灿烂文明。

孩子们,你知道地中海,还知道这个地中海里的"海中地"吗?

啊,地中海、"海中地"。一个名字颠过来、倒过去,多么有趣。

"海中地"是什么?

这就是大海里的一片陆地,也就是岛屿嘛。

说起地中海的岛屿,没准儿人们首先会想起亚平宁半岛脚下的西西里岛。

为什么是亚平宁半岛的脚下?因为这个西西里岛正好紧贴着亚平宁半岛的"靴尖"。亚平宁半岛好像一只长长的腿,用脚尖踢起西西里岛、撒丁岛、科西嘉岛三个大岛,活像一位足球明星踢起三个球儿,难怪亚平宁半岛上的意大利是有名的"足球王国"。

说起地中海的岛屿,人们还会想起马耳他岛。马耳他岛位于地中海中心的马耳他共和国,是西地中海和东地中海的交通枢纽,地理位置很重要。

凯里尼亚位于塞浦路斯北部，面向地中海，是塞浦路斯的重要港口。（视觉中国供稿）

说起地中海的岛屿，你还知道什么？

你可知道，东地中海也有一个鼎鼎有名的大岛？它的交通位置好，文明历史悠久，一点儿也不比前面提到的西地中海的几个岛逊色。

这是谁，是爱琴海里许许多多美丽的小岛吗？

不，东地中海最重要的"海中地"是塞浦路斯。

塞浦路斯共和国全国面积约9251平方千米，人口约95万，也是一个独立的主权国家。

塞浦路斯，海上的交通枢纽。

塞浦路斯在东地中海的最东边，邻近小亚细亚半岛和叙利亚、黎巴嫩一带的西亚沿岸。它的北面距离土耳其约40千米，东面距离叙利亚约96千米，南面距离埃及的尼罗河三角洲400多千米，往西穿过爱琴海不远，就是欧洲的希腊。

瞧，它坐落在亚欧非三大洲之间，正好是一个巨大三角形的中心位置。

请注意，这可不是一般的三角形，而是有着几千年悠久历史的古埃及、古希腊和古代西亚等几个古文明发源地的中心呀！

俗话说："近朱者赤。"请问，坐落其间的塞浦路斯交通这么方便，是不是也沾上了一些远古文明的气息？

哼，岂止是"气息"？告诉你吧，这儿本身就是一个古文明的发源地。

据考古学家报告，早在约9000年以前，就有人类在这里居住。之后一代代繁衍下来，留下许多文明遗迹。

塞浦路斯，亮光灿灿的"铜岛"。

是啊，一点儿也不错，塞浦路斯这个名字的意思就是"产铜之岛"。

根据史书记载，早在公元前16世纪，这里就发现了铜矿，之后吸引大批古希腊人迁移到这个岛上来，建立自治的城邦，营造出灿烂的青铜文化，以及后来的迈锡尼文化。这里是周边许多古文明地区铜的来源地，说它本身是青铜打造的，一点儿也不夸张。

塞浦路斯，神秘的爱与美的女神的故乡。

传说古希腊爱与美的女神阿佛洛狄忒居住在塞浦路斯，所以这里又被人们叫作"爱神之岛"。这里还有太阳神阿波罗的神庙遗址，加上古时许许多多国家占领这里时遗留下来的古代宫殿、庙宇、剧场、城堡、运动场的遗址，简直是一个内容丰富的历史博物馆。仅凭这一点，塞浦路斯也很了不起。难怪这是一个旅游观光的热门地，每年吸引无数游客从四面八方前来拜访。

塞浦路斯的首都是尼科西亚，也是一个重要港口。据说，这是一个王子建立的古城，用古希腊神话中的胜

塞浦路斯位于地中海东部，有着迷人的风景和宜人的气候，是一个美丽的岛国。（视觉中国供稿）

中国—中亚—西亚经济走廊

利女神尼姬的名字命名，后来慢慢叫作尼科西亚。只是从它的名字，你就可以知道这个城市有多么古老了。

塞浦路斯的位置这么好，距离苏伊士运河也不远，所以在现代海运活动中也有着很重要的地位。

这儿的海运管理办法非常灵活，允许外国船舶前来注册，因此成为世界十大船舶注册国家之一。希腊、德国、俄罗斯等数十个国家的船只，都挂着塞浦路斯的国旗航行天下。所以这个不算太大的岛国拥有的商船队，排名世界第十，在欧洲联盟中也位列第三呢。

祖祖辈辈浸透着海水的塞浦路斯人，头脑非常灵活，善于开动脑筋做生意，得到了丰硕的成果。

喔，塞浦路斯，在"一带一路"上，能不发挥特殊的作用吗？

爱神岩位于塞浦路斯的帕福斯东南处海滨。相传爱神阿佛洛狄忒（维纳斯）就是在这里从海水的泡沫中诞生的，这里因此而得名。（视觉中国供稿）

鄂新登字 04 号

图书在版编目（CIP）数据

丝绸之路经济带 / 刘兴诗著. —— 武汉：长江少年儿童出版社，2017.9
（"一带一路"青少年普及读本）
ISBN 978-7-5560-6804-3

Ⅰ.①丝…　Ⅱ.①刘…　Ⅲ.①"一带一路"—国际合作—青少年读物　Ⅳ.①F125-49

中国版本图书馆 CIP 数据核字（2017）第 209409 号

"一带一路"青少年普及读本·丝绸之路经济带

出 品 人：李旭东
出版发行：长江少年儿童出版社
业务电话：(027)87679174　(027)87679195
网　　址：http://www.cjcpg.com
电子邮件：cjcpg_cp@163.com
承 印 厂：湖北新华印务有限公司
经　　销：新华书店湖北发行所
印　　张：10.25
印　　次：2017 年 9 月第 1 版，2017 年 9 月第 1 次印刷
规　　格：720 毫米 × 1000 毫米
开　　本：16 开
书　　号：ISBN 978-7-5560-6804-3
定　　价：30.00 元

本书如有印装质量问题　可向承印厂调换